D1690329

Piemont
Land am Fuße der Berge

UMSCHAU:

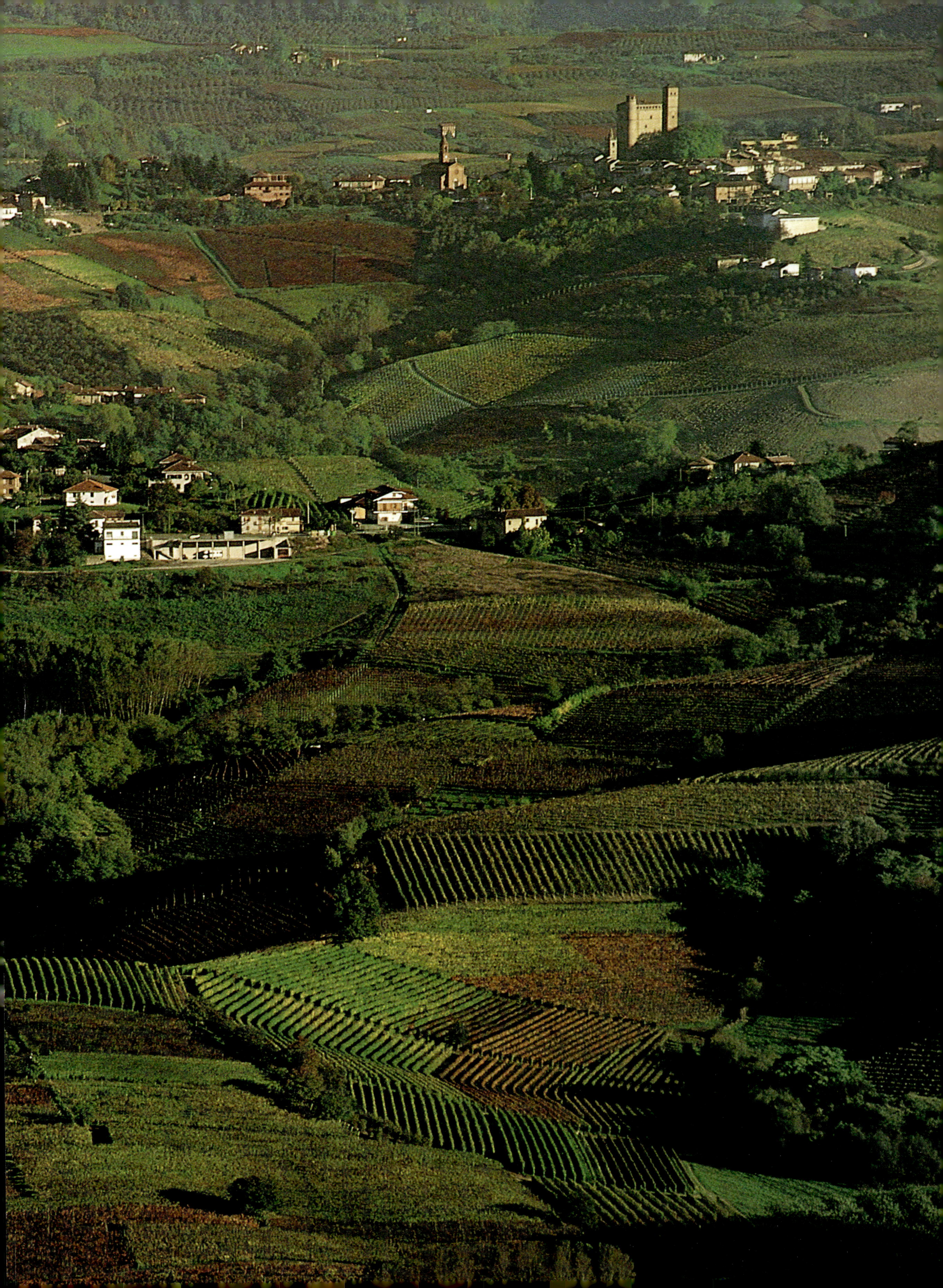

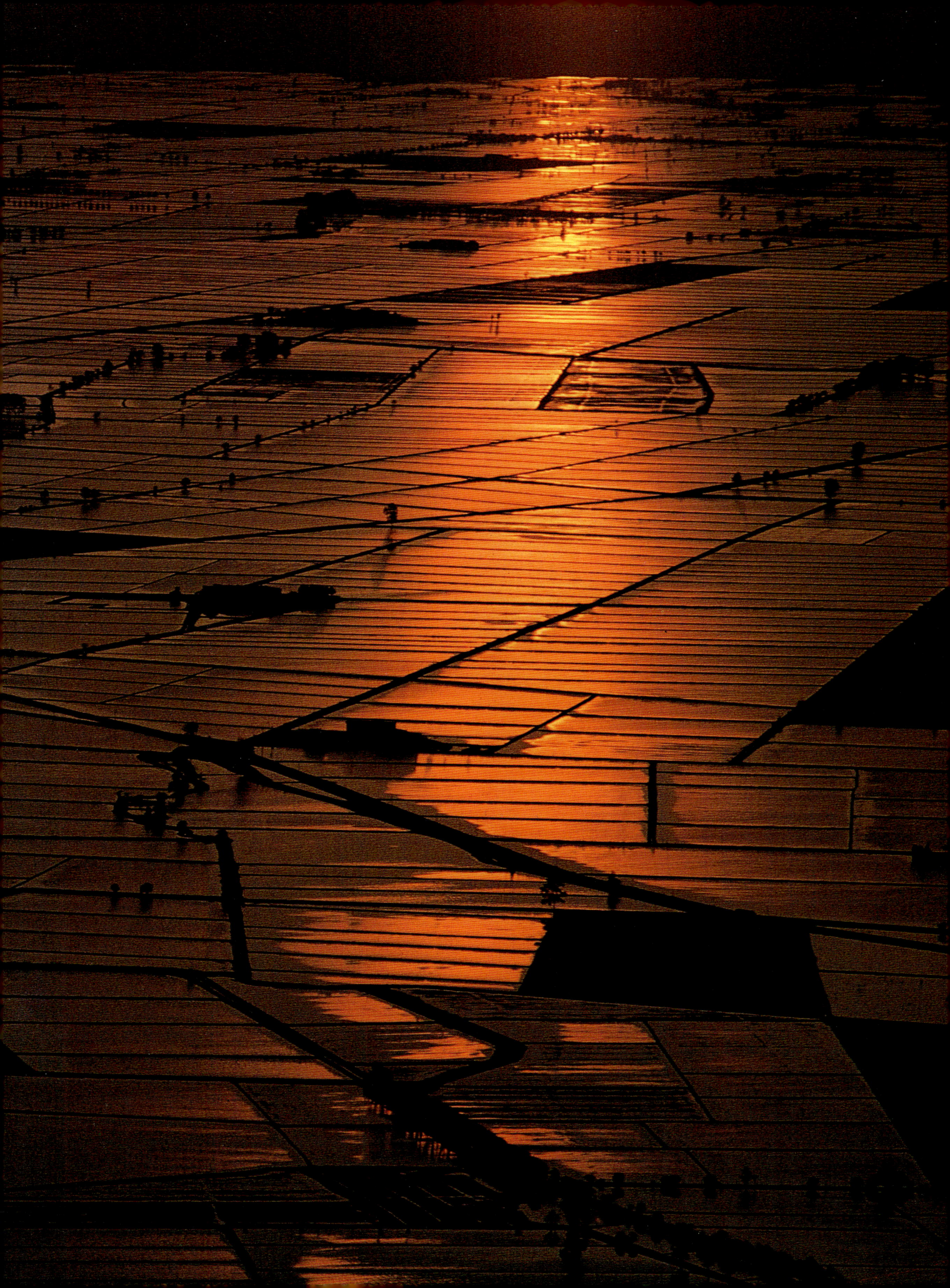

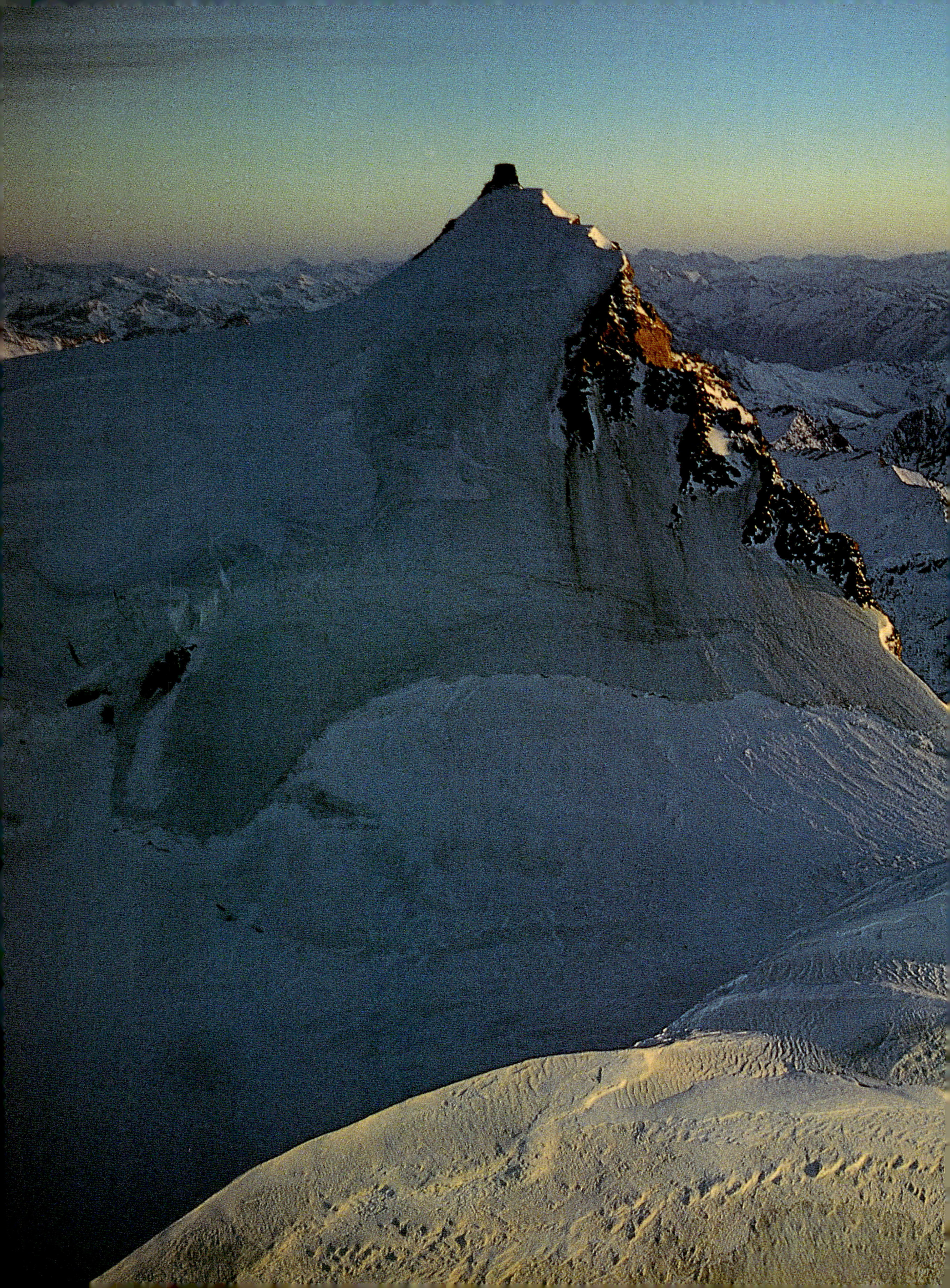

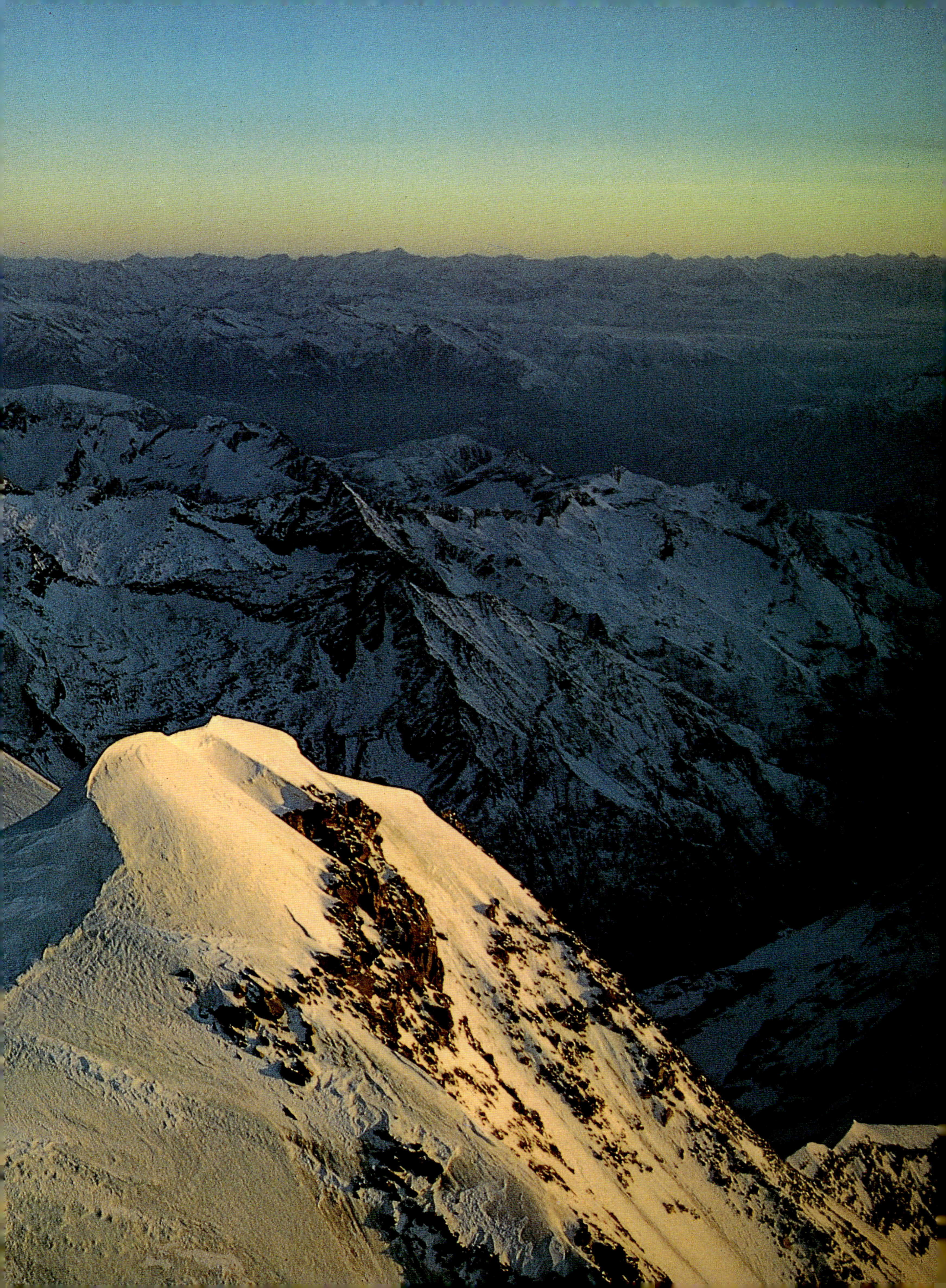

Piemont
Land am Fuße der Berge

Text
Bruno Quaranta
Übersetzt von
Kirsten Beringer

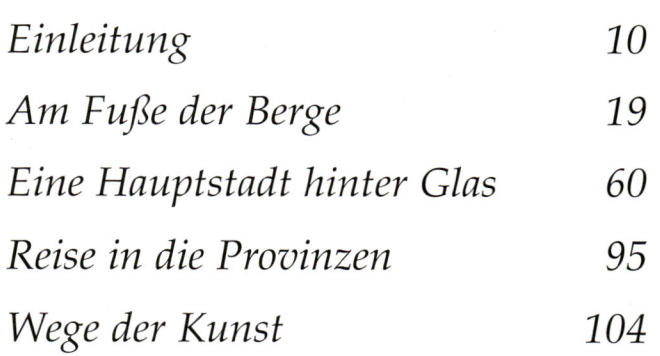

Einleitung	10
Am Fuße der Berge	19
Eine Hauptstadt hinter Glas	60
Reise in die Provinzen	95
Wege der Kunst	104

1 Der Turm von Quinto Vercellese vor dem Hintergrund des Monte Rosa-Massivs.

2–3 Die Langhe erstrecken sich zwischen den Flüssen Tanaro und Bormida di Spigno. Ausgezeichnete Weine werden in diesem Gebiet produziert.

4–5 Die Reisfelder sind das typische Bild der Landschaft um Vercelli. Es ist eine stille Gegend, die in der Nacht fast außerirdisch wirkt.

6–7 Die Gnifettispitze (4559 m) ist einer der Gipfel des Monte Rosa-Massivs. Sie ist nach dem Pfarrer aus Alagna benannt, der sie 1842 als erster bestieg. Oben steht das Regina-Margherita-Haus, in dem ein Observatorium untergebracht ist.

8–9 'L Caval d'Brôns (das Bronzepferd), das Emanuele Filiberto, den Helden der Schlacht von San Quintino, darstellt. Es steht auf der eleganten Piazza San Carlo in Turin. Hinter den Arkaden des Gebäudes haben der Philharmonische Verein und der Whist Club ihren Sitz.

Einleitung

*P*iemont ist eine Region der Kontraste, und das betrifft nicht nur die Landschaft, sondern auch die Dinge, mit denen man sich befaßt, seien sie geistiger oder materieller Art. Ein wichtiges Merkmal der Piemontesen ist der Arbeitsgeist: Schaffen und nochmals schaffen heißt es hier, grübeln ist nicht so ihre Art. Der Schriftsteller Dino Buzzati nannte sie einmal ironisch ‚doveristi', „Pflichterfüller"; aber nur die getane Pflicht bringt dem Menschen seelische Ausgewogenheit, meint man hier. Dieser Arbeitsgeist kommt nicht von ungefähr, denn wie der Name Piemont, ‚am Fuße der Berge' schon besagt, geht es seit jeher darum, mit einer manchmal widrigen Natur zurechtzukommen, um ihr das für das Leben Notwendige abzuringen. Entbehrungen sind deshalb nicht unbekannt, aber vielleicht ist gerade daraus der Drang zur Eigenständigkeit entstanden, der auch in der geschichtlichen Entwicklung seinen Niederschlag gefunden hat.

Harte Bedingungen können positive Auswirkungen haben, und im Piemont sind Phantasie, Einfallsreichtum und Verspieltheit, verbunden mit Disziplin und sogar Strenge, die Voraussetzungen für die bemerkenswerten Bauwerke und die erstaunliche Vielfalt an Gütern, die hier erzeugt werden; man denke nur an die ausgefallenen Autodesigns von Pininfarina und Bertone, an die (geheime oder zumindest wenig bekannte) Produktion von Teilen für die Raum- und Luftfahrtindustrie im Bezirk Cuneo, an die Textilien, die Borsalinohüte und die ‚gianduioti', die Nußpralinen.

Die Geschichte der Region schwankt zwischen Treue zum Alten und Lust nach Veränderung. Guido Piovene schrieb: „Was auffällt, ist das Bewußtsein um und das Gefallen an einer Tradition, die wachgehalten und nicht verneint werden soll, die hochgehalten und realisiert werden muß trotz einer unmenschlich gewordenen Zivilisation; darin liegt die Idee eines zivilisierten Fortschrittes, der imstande ist, eine überholte menschliche Ordnung mit einzubeziehen."

Das Piemont ist eine autonome Region und gewissermaßen eine Baustelle der Staatlichkeit; denn hier hatten viele für das ganze Land wichtige Dinge ihren Ursprung, angefangen mit der Festlegung von Grenzen, der Errichtung einer Hauptstadt und der Entwicklung eines Einheitskonzepts, das dann auch gefördert und verwirklicht wurde. Jeder Piemontese ist sich bewußt, daß dem Menschen nichts für alle Ewigkeit gewährt wird, sondern daß alles, was hervorgebracht wird, eine Eroberung ist, die jeden Tag aufs neue verteidigt werden muß; deswegen läßt er sich auch weder von den Unbilden der Natur noch von Enttäuschungen im politischen Bereich unterkriegen, geschweige denn demütigen. Piero Gobetti meinte, es sei „wichtiger, die Würde zu retten als die Genialität". Er ist ein Mensch, der zwar weiß, wo sein Platz ist, und seinen Dienst mit Stolz verrichtet, dem aber Unterwürfigkeit ein Fremdwort ist. In dieser Landschaft der Berggipfel, Täler und Seen vererben sich Eigenschaften wie Bescheidenheit und Zurückhaltung, Ironie und Selbstironie von einer Generation auf die nächste, zusammen mit einem gewissen Stolz. Wie jemand einmal sagte: „Aus der Eitelkeit des Blattes, das im Wind flattert, kann nur Stolz werden, wenn es erkennt, daß es alles der Wurzel verdankt."

11 Giovanni Baratta schuf die Frauenstatue, die die Fassade des Palazzo Madama schmückt.

12–13 Markttag auf der Piazza Cavour in Vercelli. Die Stände drängen sich um eine Statue von Cavour. Um den Platz stehen Häuser mit Laubengängen aus dem 16. Jahrhundert.

14–15 Luftansicht von Turin. Die Umberto-I.-Brücke im Vordergrund verbindet Corso Vittorio Emanuele und Corso Fiume; im Hintergrund die „Steinbrücke" zwischen Piazza Vittorio Veneto und der Kirche Gran Madre.

16–17 Der 212 km² große Lago Maggiore, auch als Verbanosee bekannt, bildet eine natürliche Grenze zwischen dem Piemont und der Lombardei.

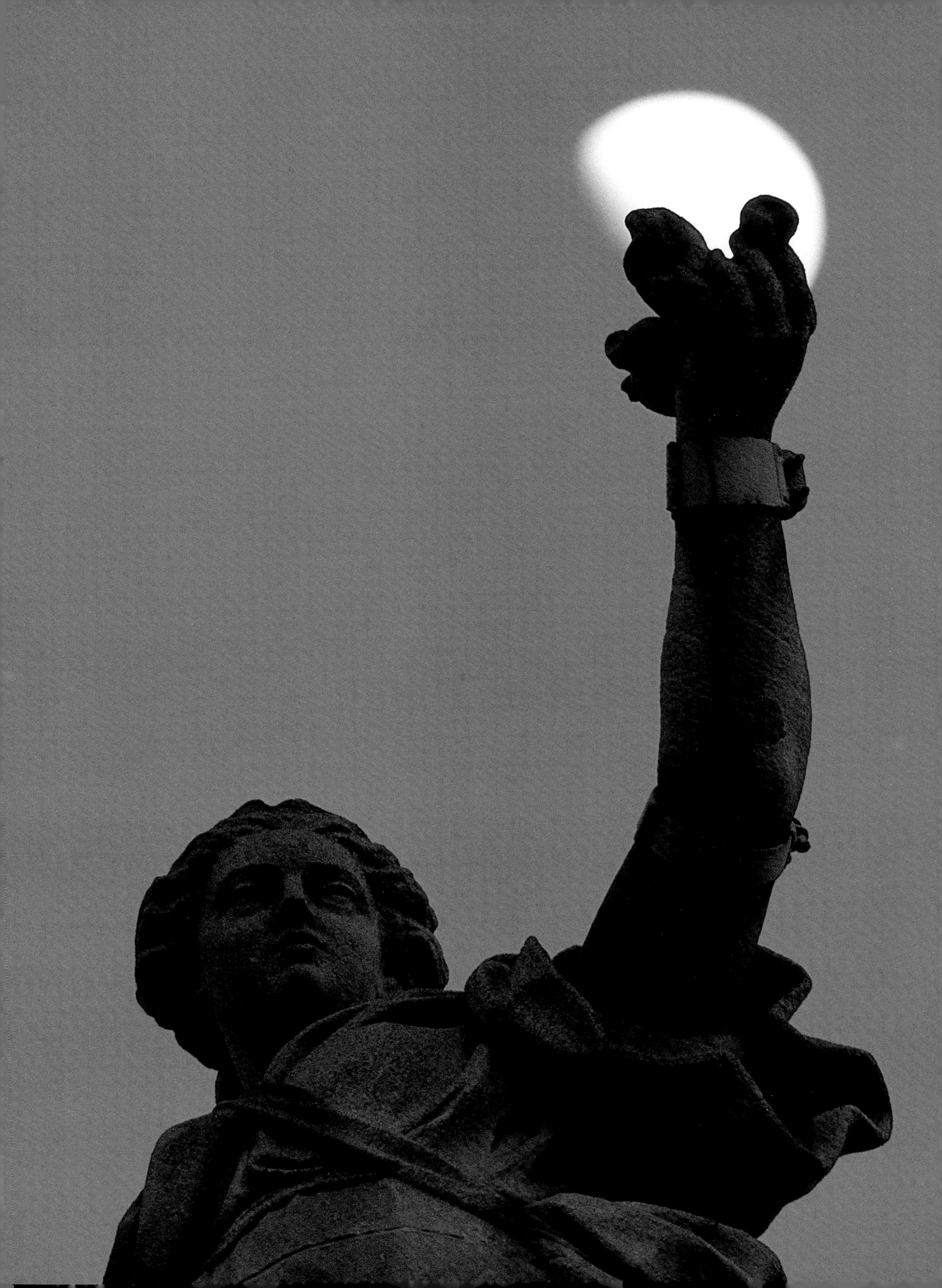

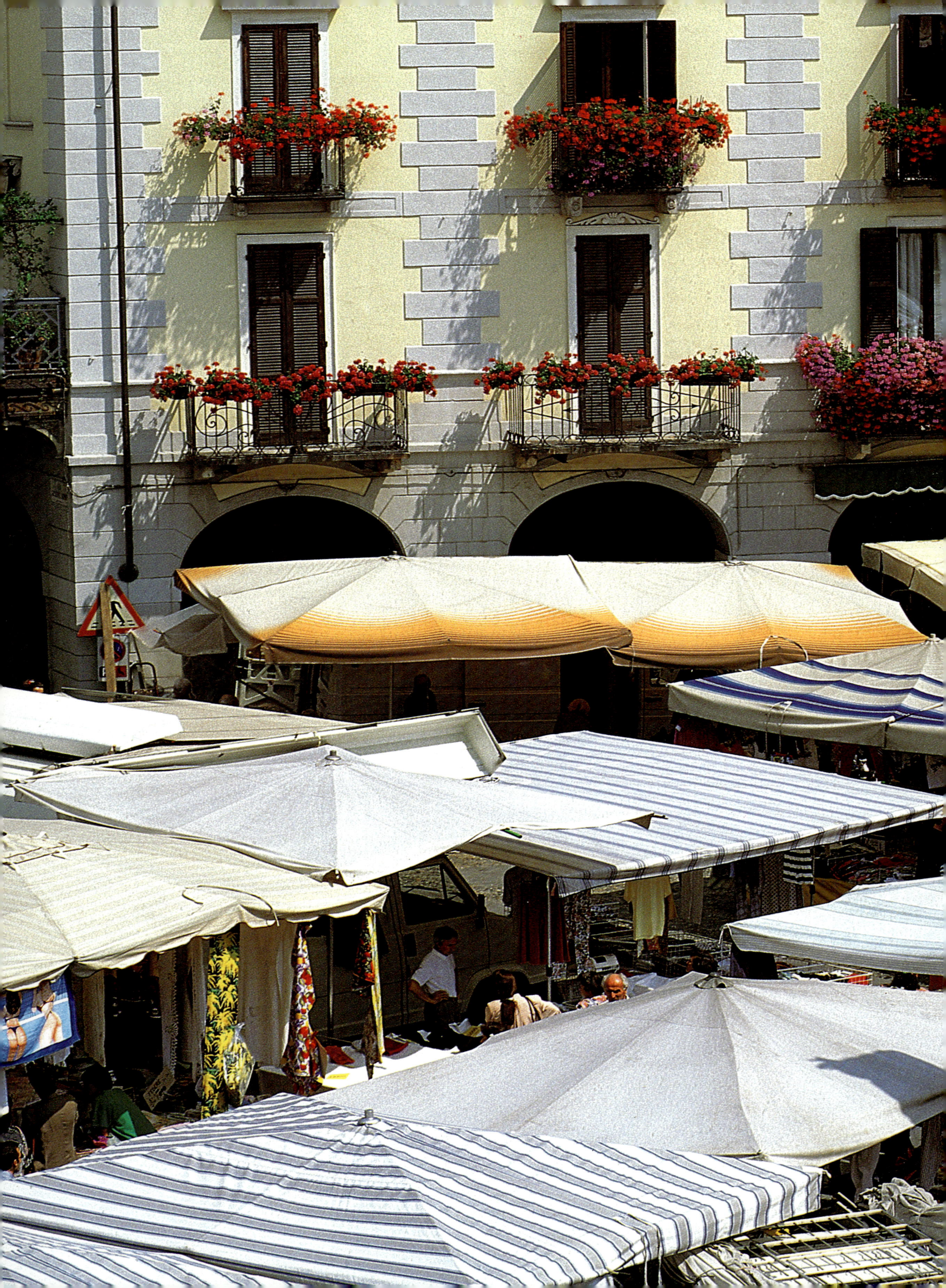

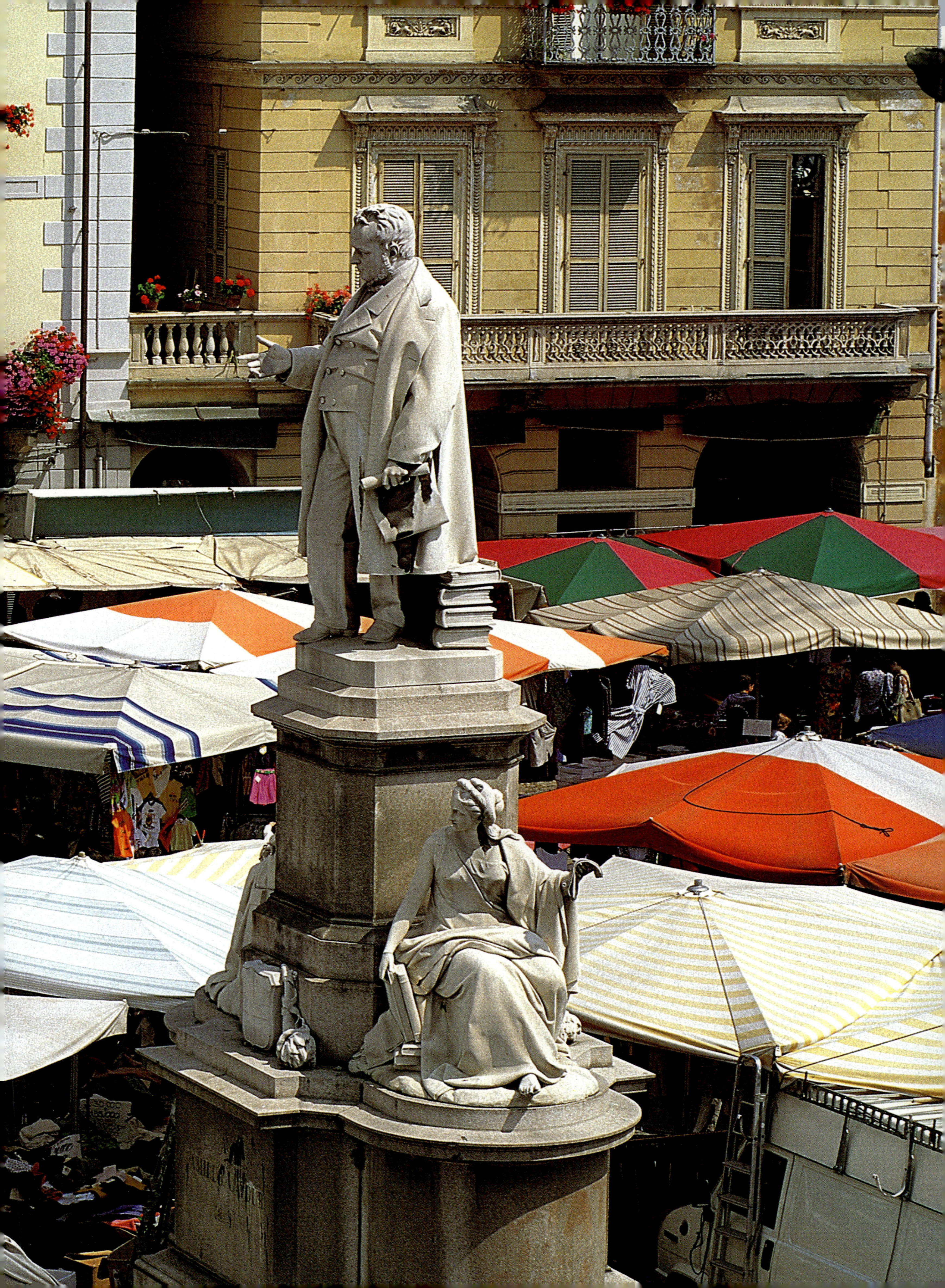

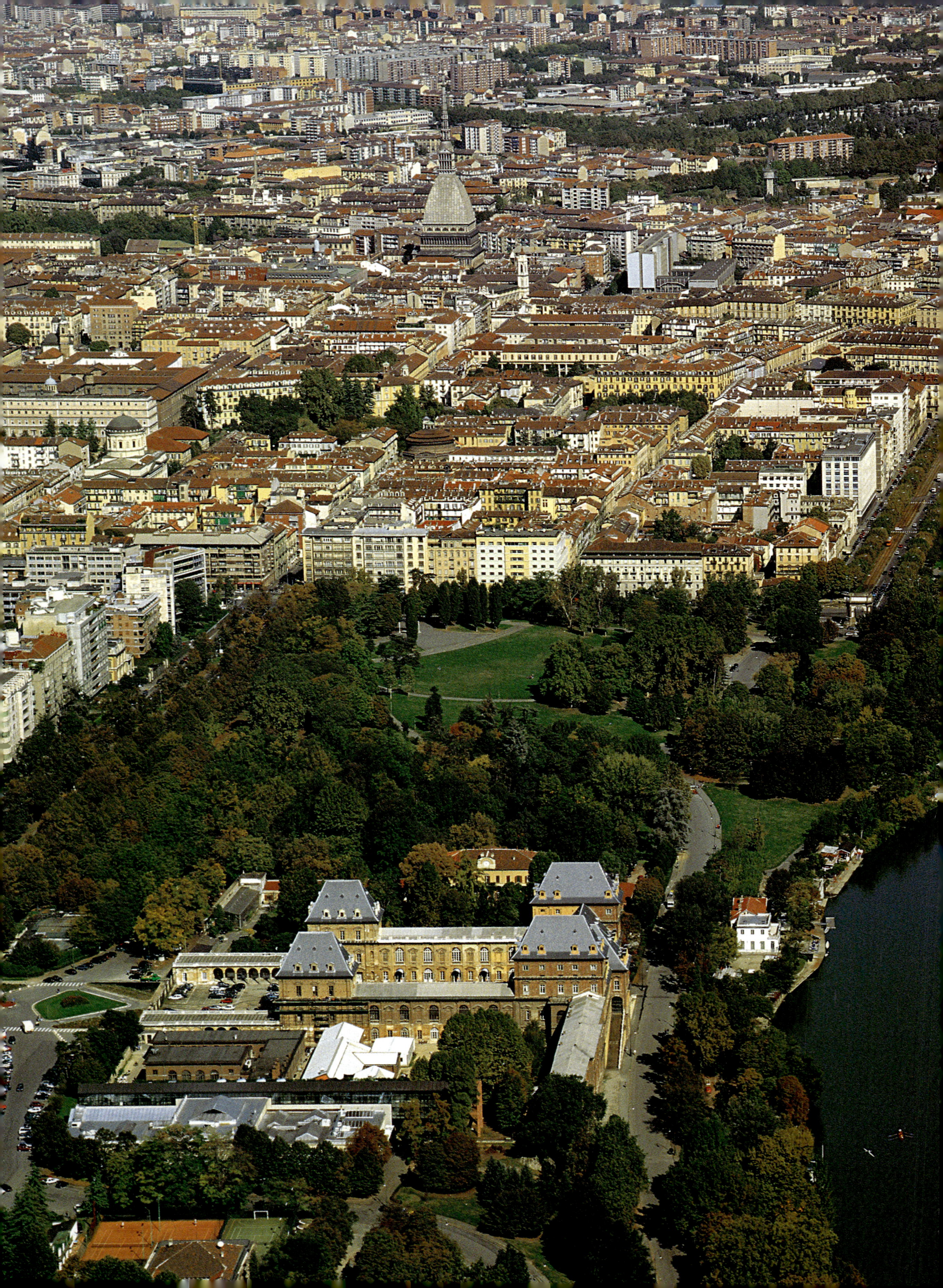

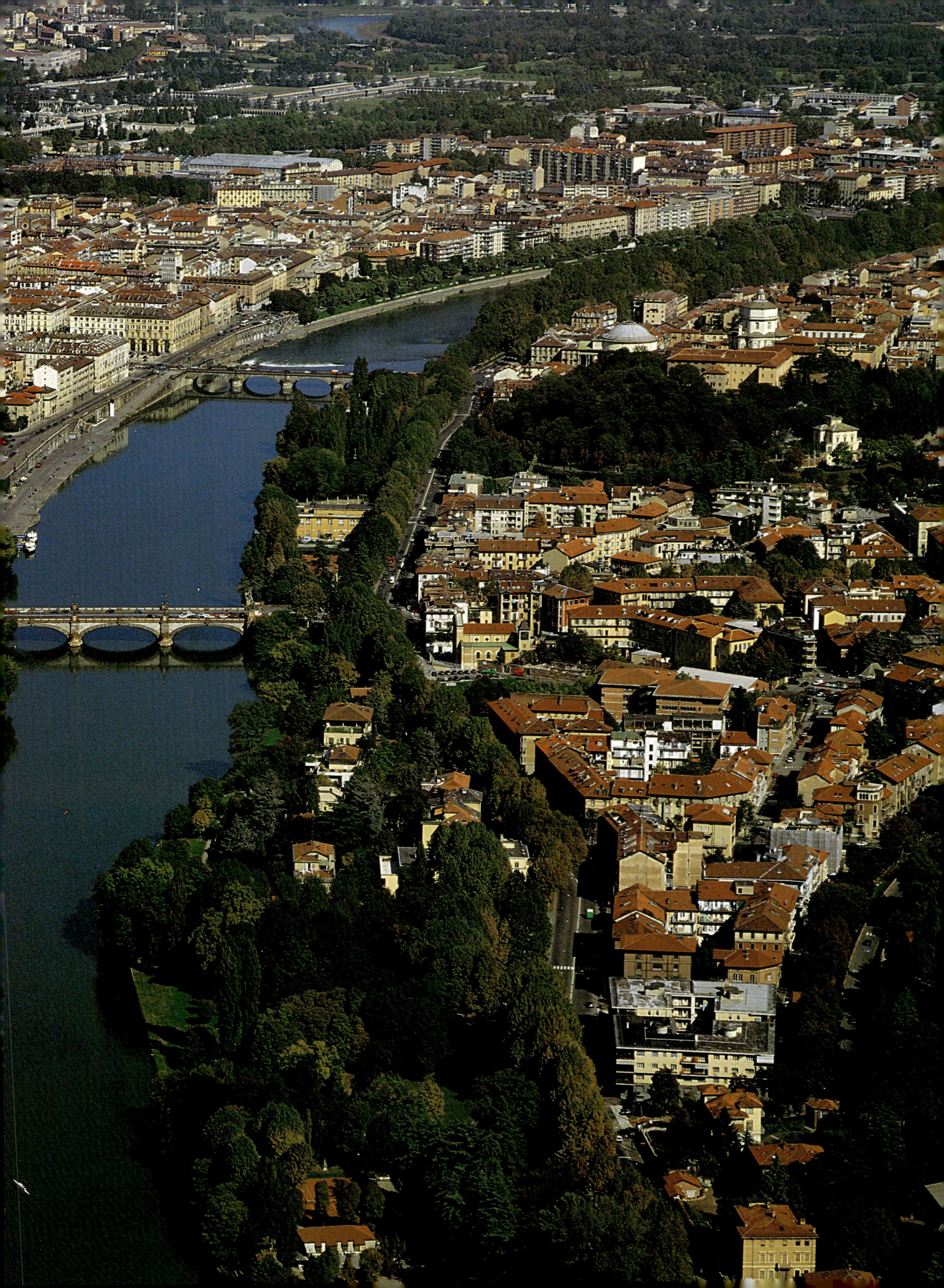

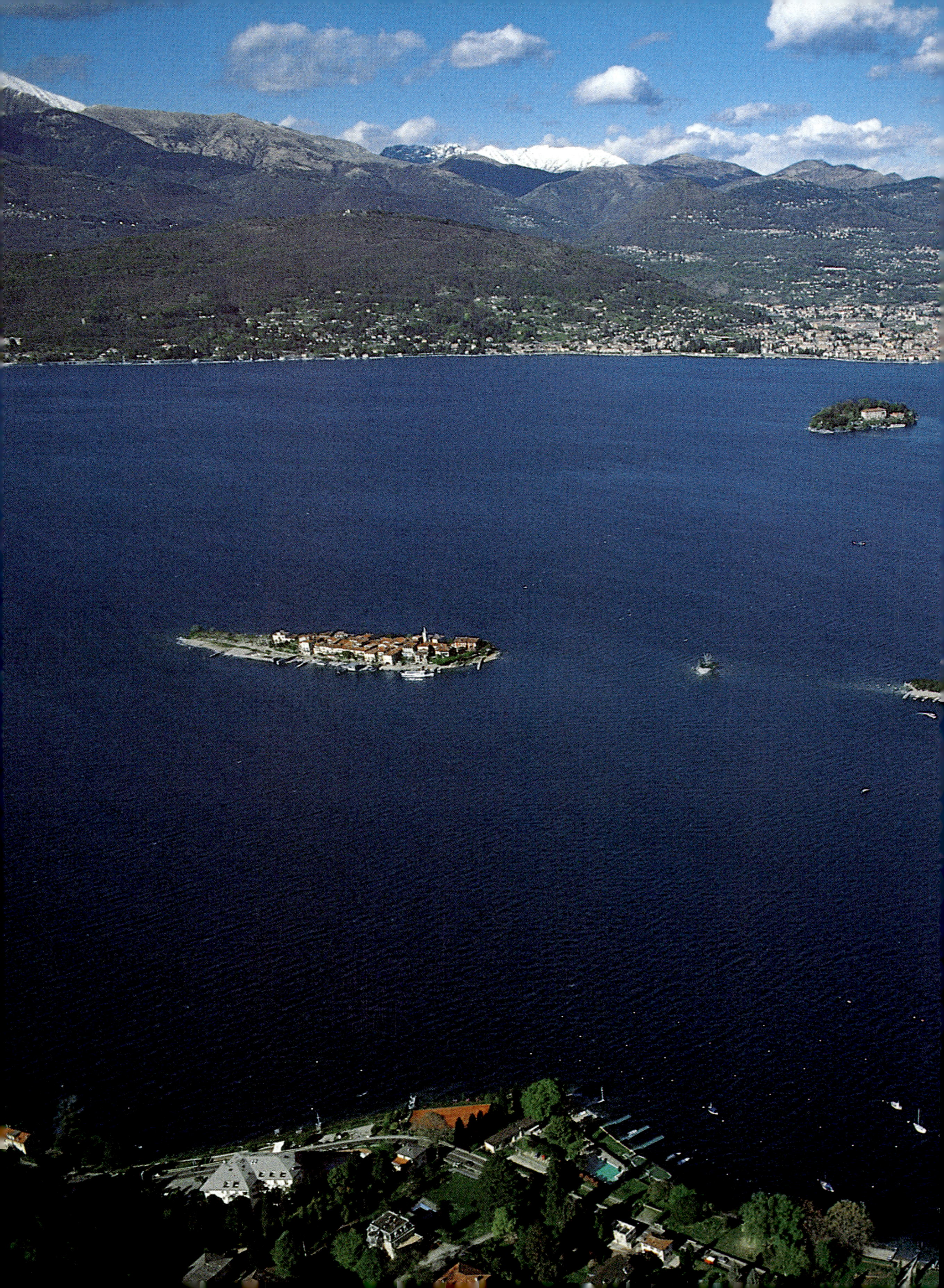

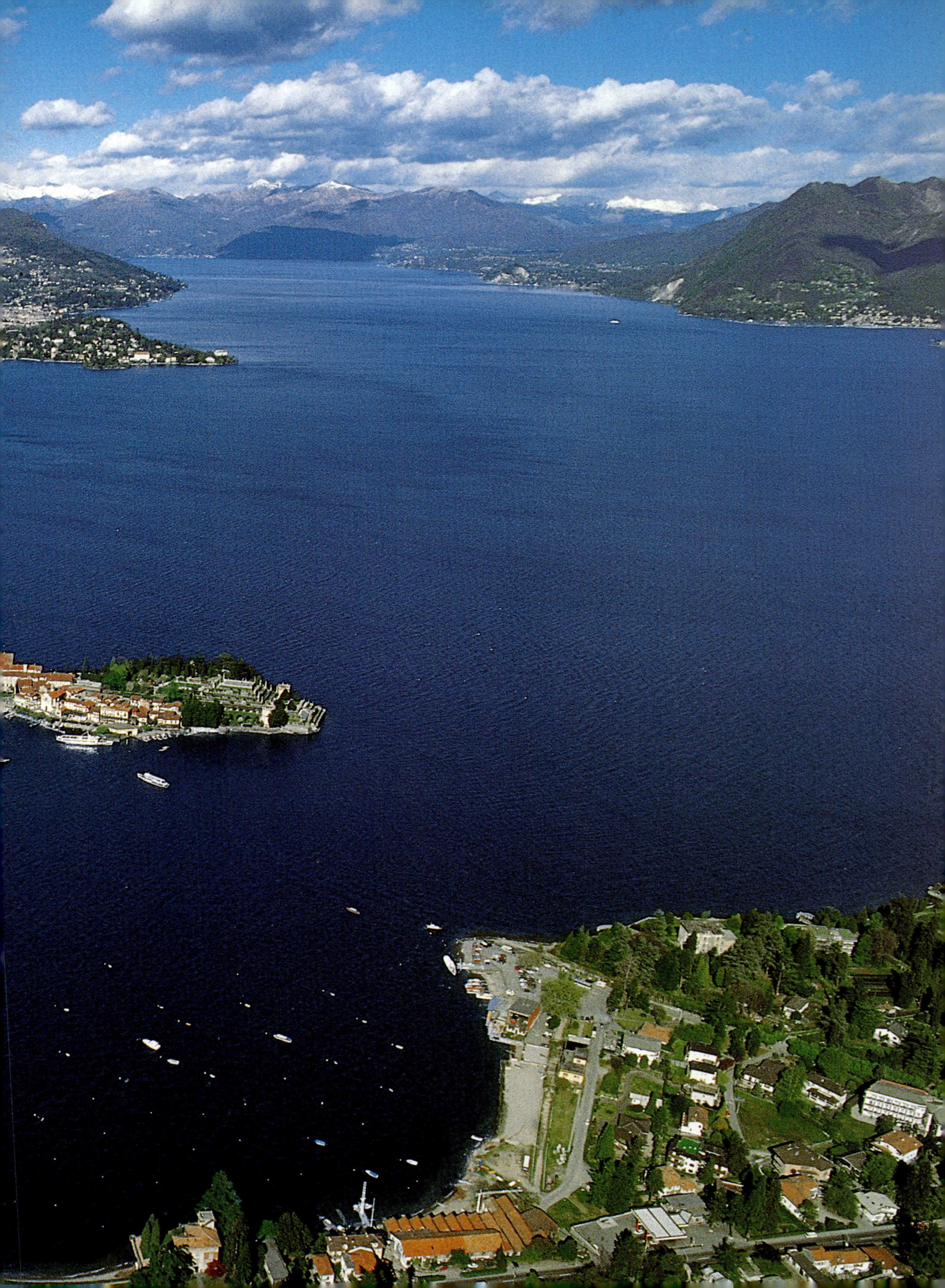

18–19 Der Po entspringt am Monte Viso, einem 3841 m hohen Bergmassiv aus grünem Gestein. Seine Quellen sprudeln am Pian del Re und Pian della Regina hervor. Bei guten Sichtverhältnissen kann man vom Monte Viso aus die ligurischen Alpen und den Appennin sehen.

Am Fuße der Berge

Piemont, am Fuße der Berge. Der Name der Region bezieht sich auf die Topographie und bringt keine Hinweise auf frühere Siedler oder Persönlichkeiten, wie es zum Beispiel für die Basilicata der Fall ist: basilikos war der byzantinische Statthalter. Viele Dichter haben die wilde Schönheit der Landschaft besungen: Carducci spricht von den „strahlenden Zinnen", wo die Gemse herumspringt und die Lawine herunterdonnert. Francesco Pastonchi betont das Sicherheitsgefühl, das von den Alpen ausgeht: „… dort, wo ich meinen Rücken anlehne/meinen Rücken an die Wand drücke; fühle ich mich geschützt, zwischen Strom und Berg".

Die Berge ziehen sich von der Sella d'Altare bis zum Simplonpaß. Der Monte Rosa ist der höchste Gipfel und nach dem Mont Blanc der zweithöchste Berg Europas. Das Bergmassiv mit der Gnifetti- und der Dufourspitze bildet den Hintergrund für das Valsesia und das Val Anzasca. Das Valsesia ist mit seinem Hauptort Alagna die Heimat einer Kultur, die – wie es der Schriftsteller Mario Bonfantini ausdrückte – „sich über die Jahrhunderte unbeirrt einheitlich gehalten hat. Seit ihrem frühesten Ursprung um das Jahr 1000 weist die Gemeinschaft des Valsesia (Universitas Vallis Siccidae) die charakteristischen Züge auf, die es über 800 Jahre hinweg zu einer der ältesten Republiken Europas macht, wie ein liebevoller Freund seiner Geschichte so treffend gesagt hat." Und das zum Val d'Ossola führende Val Anzasca mit dem Hauptort Macugnaga ist noch so eine ‚Insel' mit leidenschaftlichem Drang zur Selbstverwaltung und Freiheit (als Republik, die aus dem Widerstand gegen den Faschismus entstanden ist).

Der Monte Rosa ist 4634 m hoch; das Gran-Paradiso-Massiv erreicht 4061 m und bildet mit dem ehemaligen königlichen Jagdrevier einen der größten Nationalparks Europas. 1922 wurde der Nationalpark gegründet (bis dahin gab es keine in Italien), und es gelang, nach dem Wunsch Viktor Emanuels II. diese geschützte Oase noch zu verbessern; unter anderem wurden hier Steinböcke und Gemsen angesiedelt. Das

19 Der Nationalpark Gran Paradiso verfügt über 360 km Maultierpfade und 60 km Wanderwege. In diesem Naturschutzgebiet leben ungestört Gemsen und Steinböcke, Symbole der majestätischen Bergwelt. Im Hintergrund sind einige der insgesamt 57 Gletscher sichtbar.

20–21 Ein großartiger Blick über den Gran Bosco di Salbertrand in Val Susa. Der Monte Genevris (2536 m) im Hintergrund ist vom Nationalpark aus zu erreichen. Der Gran Bosco (Großer Wald) ist ein idealer Ausflugsort und interessant durch seine seltene Flora und Fauna.

21 Nadelbäume beherrschen das Val Troncea, ein anderes Naturschutzgebiet in Val Susa unweit Sestrière. Nahezu das ganze Gebiet ist bewaldet und bewahrt eine Ursprünglichkeit, die noch nicht von Touristen zerstört wurde.

Interesse des Königs rührte von seiner Jagdleidenschaft her (vor allem galt seine Passion dem Steinbock). Er wußte auch, laut Renzo Videsotti, „daß in den Wappen der Marquisen Dadone von Ivrea (der Familie, die den ersten italienischen König hervorgebracht hat) der Steinbock als Symbol der Majestät der Berge erscheint".

300 Kilometer Maultierpfad führen an weiteren Schätzen vorbei: an 57 Gletschern, an Seen und einer manchmal einmaligen Vegetation (wie Aethionema thomasianum *(Steintäschel),* Empetrum nigrum *(Rausch- oder Krähenbeere),* Azalea procumbens *(Alpenheide) und* Androsace *(Mannsschild). Der Monte Viso ist 3841m hoch; er steht wie eine Art Leuchtturm mitten in den Cozie-Alpen: Wo immer man sich befindet, kann man die sogenannte grüne Steinpyramide sehen. Der Po hat seine Quelle am Monte Viso. Er entspringt am Pian del Re und mündet in die Adria. „Es ist ein ernster Fluß", so schrieb der Wissenschaftler, Literat und Journalist Filippo Burzio (ehemaliger Direktor von La Stampa), „provinziell und weit entfernt vom Lärm der Welt; ruhig fließt er dahin, parallel zu der Bergkette, wo er seinen Ursprung hat, jedoch etwas ärgerlich darüber, daß Fremde über die Jahrhunderte und Jahrtausende nicht seiner Mäßigung entsprochen, sondern ihn oft mit Getöse aufgesucht haben …" Monte Viso, Pian del Re, das sind wichtige Punkte in der Provinz Cuneo (der ‚provincia grande', die nicht ohne Grund um 1918 von Madame Curie erkundet wurde, denn es wurden reiche radioaktive Vorkommen festgestellt). Im Süden, am Ende des Gesso-Tals, liegt die Argentera.*

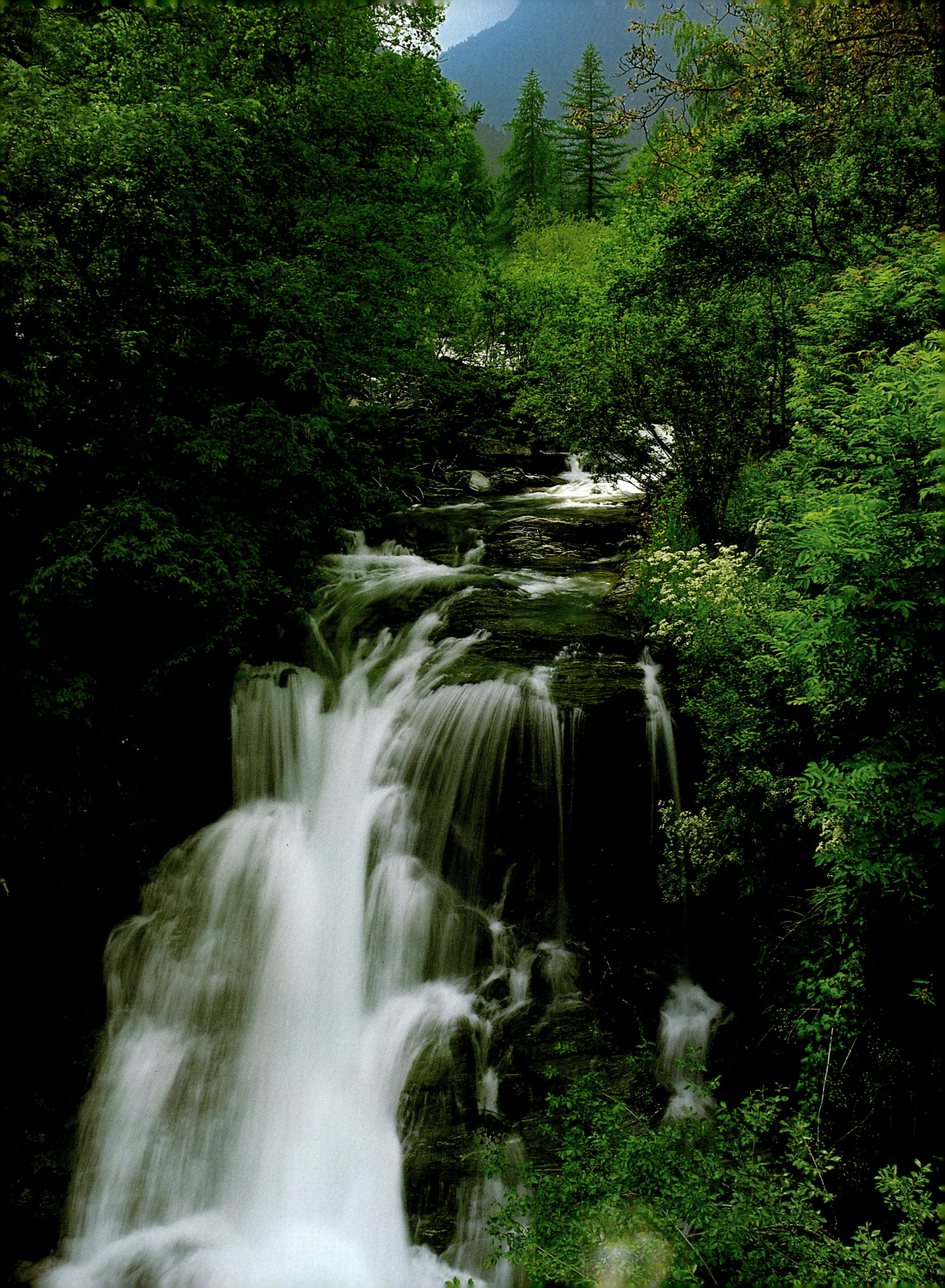

Dieses dolomitähnliche Massiv beherrscht eine Bergkette, die sich bis zum Colle della Maddalena erstreckt. Man erreicht sie, wenn man zuerst talwärts geht, durch den Skiort Limone, an den Flüssen Roia, Vermenagna und der Stura di Demonte vorbei. Wenn man die umgekehrte Richtung einschlägt, hat man das Panorama der Cozie-Alpen vor sich, die einen Bogen zwischen Val Stura und Val Susa bilden und das Val Maria, das Val Varaita und die stolzen Waldensertäler umfassen (deren „Herz" Torre Pellice ist: „Ihr werdet sowenig Rhetorik begegnen wie in der nüchternen Einfachheit der Dorfkirchen, deren einziger Schmuck der Kerzenleuchter mit den sieben Sternen und dem Motto ‚Lux lucet in tenebris' ist", so Giorgio Spini).

Auf der anderen Seite von Sestrière, einer „Erfindung" der Familie Agnelli, steigt man

22 und 23 oben
Ein Wasserfall und eine Bergwiese in Val Pellice, oberhalb Pinerolo. Solche blühende Wiesen und Almen wechseln mit Föhren-, Lärchen- und Fichtenwäldern. Die heimische Wirtschaft bezieht ihre Einkünfte aus Milchprodukten, Honig, Lavendel, Pfefferminze und Kräutern, aus denen „genepi"-Likör gemacht wird.

23 Mitte
Das glasklare, frische Wasser des Val d'Ala, eines der drei Lanzo-Täler; die anderen beiden sind Valle di Viù und Val Grande. Die Gletscherbäche sorgen für üppige Vegetation.

23 unten
Ein Dorf an den steilen Hängen des Val Grande, das mit den Tälern Mastallone und Sermenza das obere Valsesia ausmacht. Die Landschaft ist mit Wäldern, Schluchten und Almen äußerst vielfältig.

24–25 Sestrière ist einer der bekanntesten internationalen Skiorte; wichtige Rennen werden hier ausgetragen. Von Edoardo Agnelli in den dreißiger Jahren geschaffen, bietet das Gebiet weitläufige Pisten (120 km), Lifts und Hotels. Hier wurden die ersten Hoteltürme mit spiralförmigen Stiegenrampen gebaut. Der 2035 m hohe Colle erhebt sich zwischen Val Chisone und Valle della Dora Riparia. Man erreicht ihn von Pinerolo und Susa aus. Es ist eine großartige Landschaft, ein „weißes Paradies".

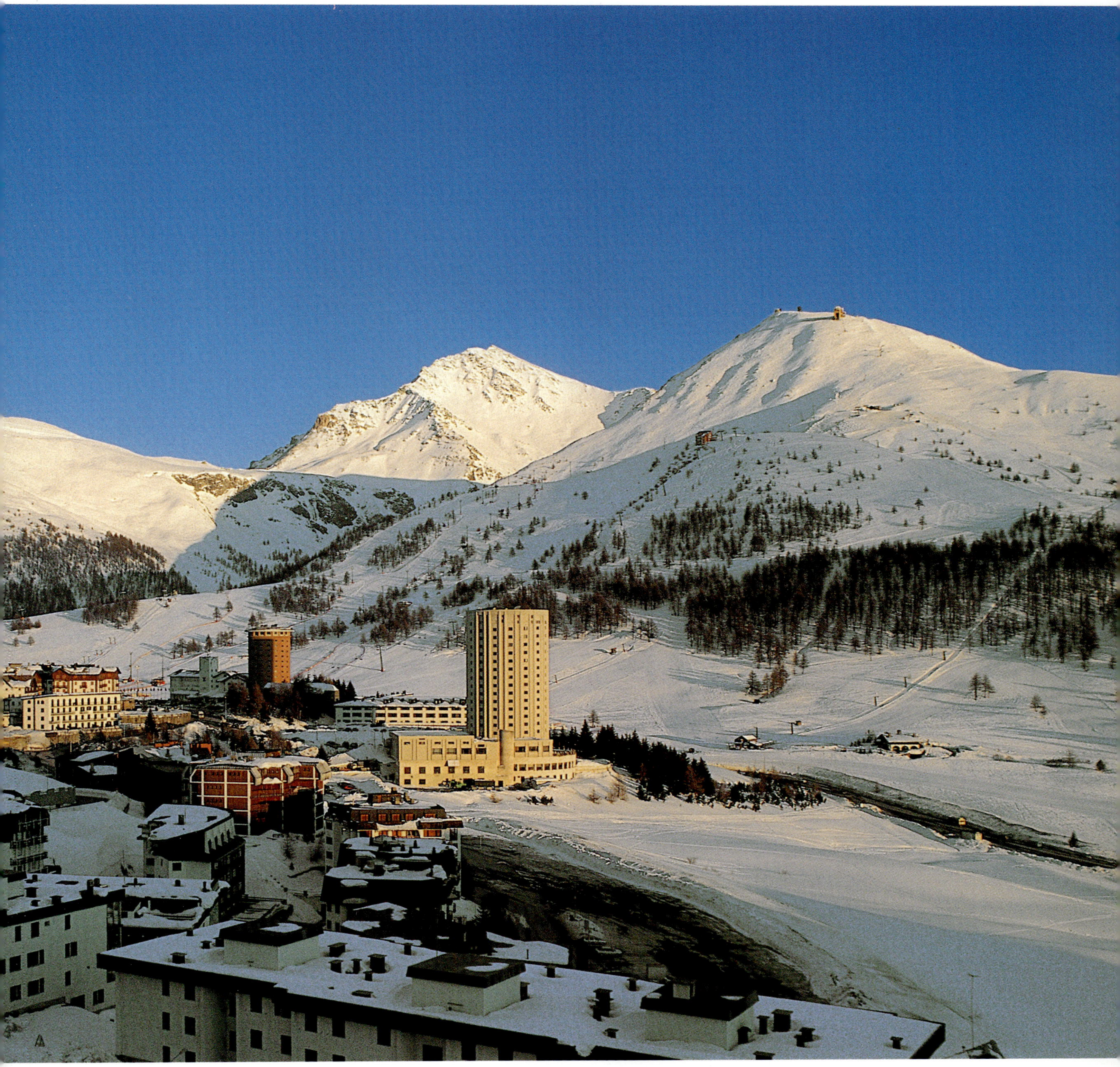

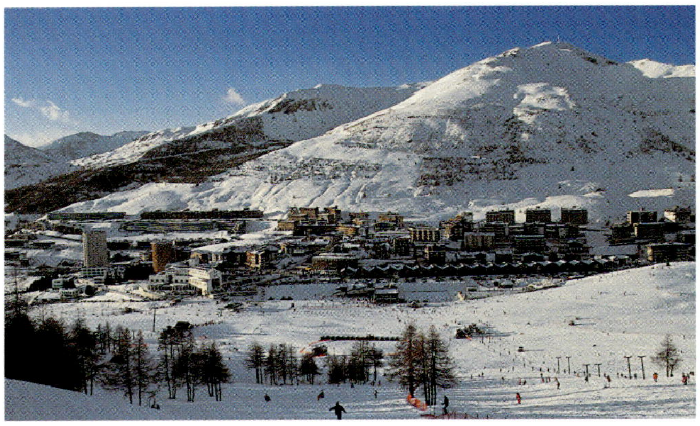

hinab ins Susa-Tal (das bei Bardonecchia endet, nicht weit von Fréjus und Frankreich): „Für die Turiner", so ein gelungener Vergleich des Dichters Agostino Richelmy, „ist es wie der Baum im Hof für die Spatzen auf dem Dach. Man kommt und geht ganz ungezwungen, und manchmal bleibt man länger, in der Sonne oder im Schatten." Auf der anderen Seite des Rocciamelone (3538 m), der die Wasserscheide bildet, weiten sich die Täler, wiederum sozusagen nach menschlichem Maß: Val di Lanzo (mit der berühmten Teufelsbrücke aus dem 14. Jahrhundert), Val di Viù und Val di Ala. Überall verstreut liegen Dörfer, Glockentürme, Wälder und Gasthäuser mit Erinnerungen an berühmte Feriengäste (von Benedetto Croce bis Eleonora Duse).

Zwischen Val di Susa und Col Ferret entfalten sich die Graie-Alpen mit Gran Paradiso und Mont Blanc (im Aostatal). Die Penninischen

26 oben Bardonecchia (1312 m) ist der bekannteste Touristenort des Val Susa. Im Hintergrund sieht man die Gipfel Gran Bagna, Bernaude und Punta Baltazar, die alle über 3000 m hoch sind.

26 unten Limone Piemonte ist ein Skiort im Bezirk Cuneo. Der alte Ortsteil hat noch sein altes Gesicht bewahrt, im krassen Gegensatz zu den modernen Blöcken, die ihn umgeben.

26–27 Bardonecchia ist sowohl im Winter wie auch im Sommer ein beliebter Skiort. Im Winter stehen die Skilifte Colomion, Jafferau und Arnaud-Mélazet zur Verfügung, im Sommer bringen zwei Lifte die Skifahrer auf den Sommeiller-Gletscher.

27 unten Limone Piemonte wird auch „Berg der zwei Rivieren" genannt, denn hierher kommen vor allem Besucher von der ligurischen Riviera und von der Côte d'Azur. Eine enorme Entwicklung hat in den letzten 20 Jahren hier stattgefunden; es gibt jetzt 64 km Skipisten.

28–29 Der Monte Rosa ist ein Berg der Farben, der Reize und der Herausforderungen. Auf der piemontesischen Seite, im Valsesia und im Val d'Ossola, zeigt er die immense Kraft der Natur. Das riesige, gletscherbedeckte Amphitheater ist Ziel anspruchsvoller Bergtouren.

30–31 Der Monte Rosa, zweithöchster Berg Europas, fordert mit seinen Gletschern die Bergsteiger heraus. Der Gipfel wurde 1842 erstmals von Giovanni Gnifetti bestiegen und deswegen auch nach ihm benannt. Auf der Gnifettispitze steht das Regina-Margherita-Haus, in dem eines der modernsten Observatorien Europas untergebracht ist.

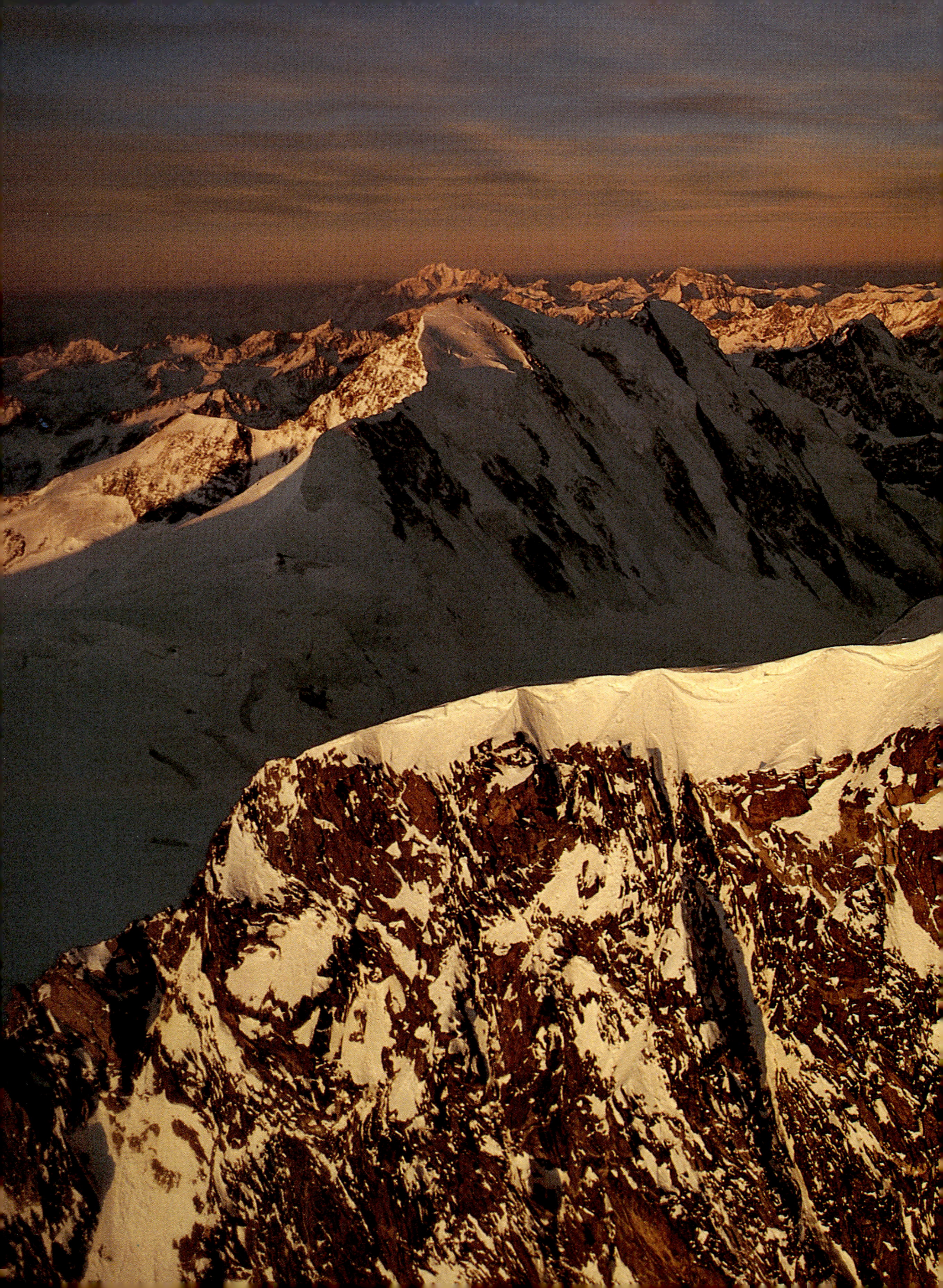

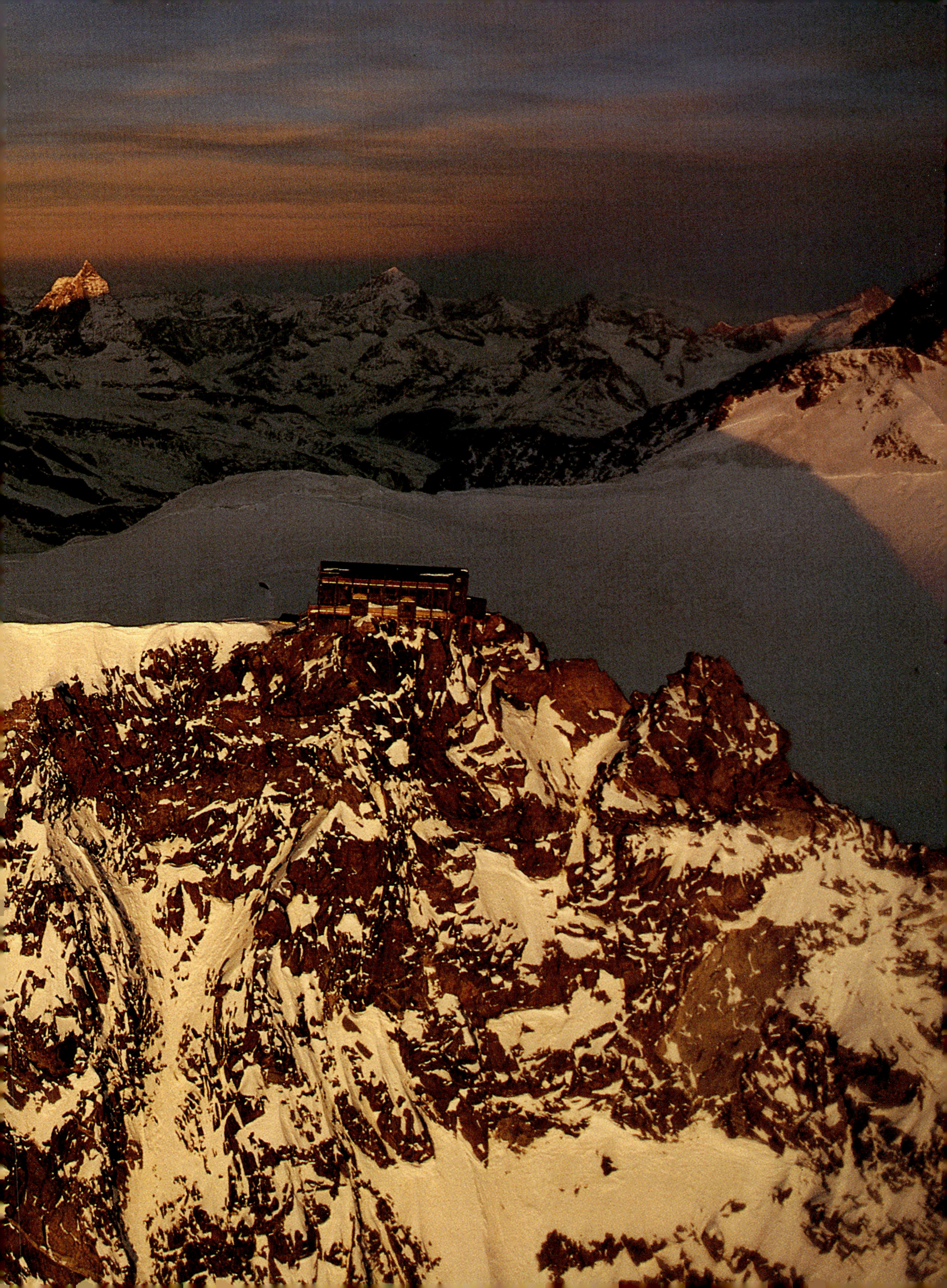

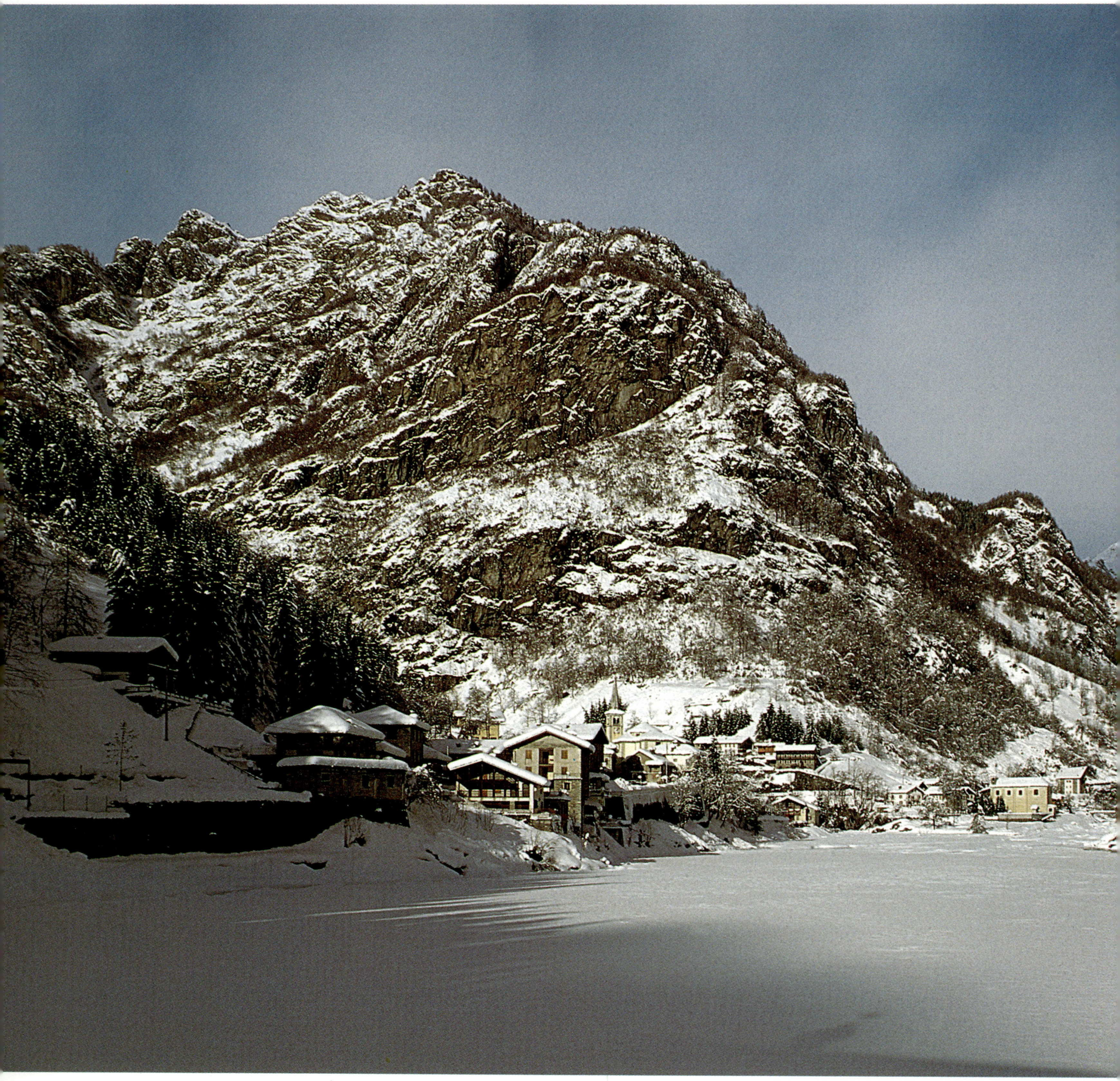

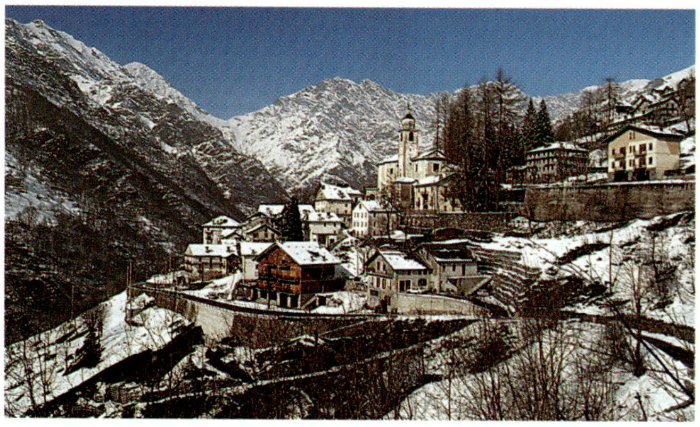

32–33 In den Dörfern des schneebedeckten Valsesia, von Rimasco bis zu den Walsergemeinden, herrscht immer Betriebsamkeit. Das Tal liegt zwischen dem Ortasee und dem Val d'Ossola, zwischen Val Gressoney und den Bielleser Bergen. Valsesia ist seit jeher eine Oase der Toleranz, das friedliche Zusammenleben unterschiedlicher ethnischer Gruppen ist hier Tradition.

34–35 Zu Füßen des Monte Rosa liegt Alagna, „Hauptstadt" des Valsesia. Im Dorf, das in 1200 Metern Höhe liegt, lebt eine alte Walser Gemeinde; gegründet wurde sie im 13. Jahrhundert von Deutschschweizern aus Saas Fee.

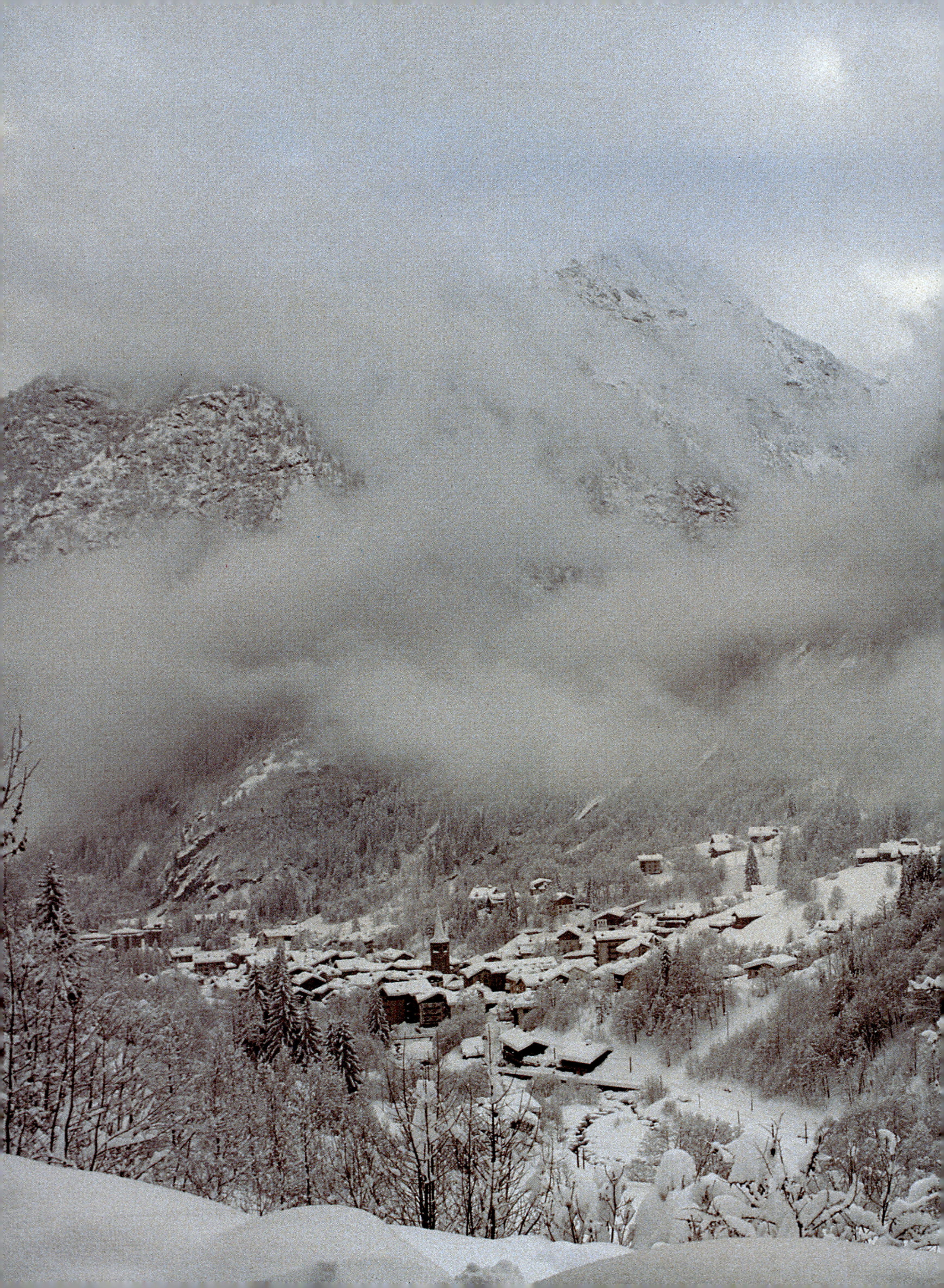

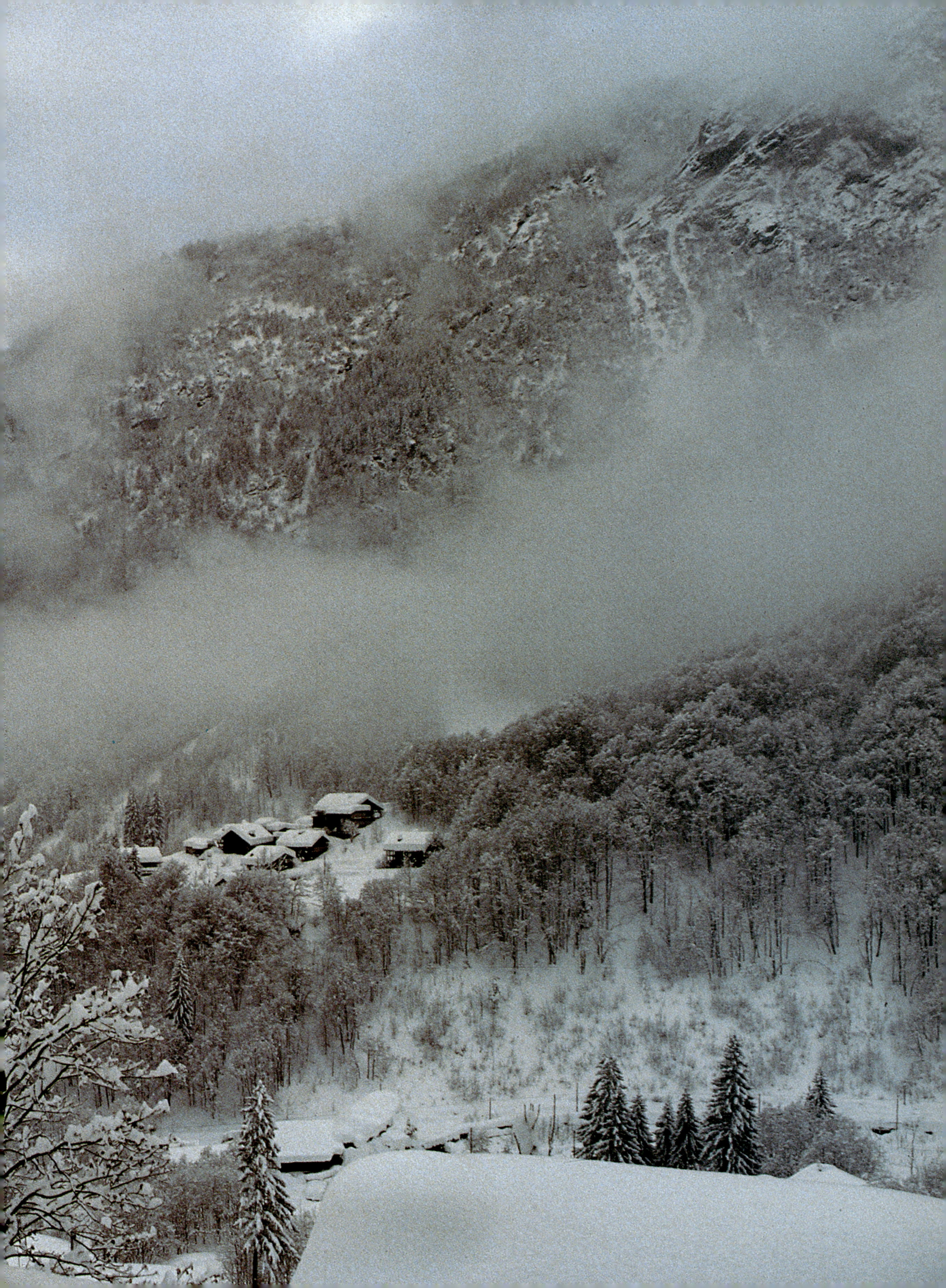

36–37 Im Valsesia leben noch die alten Traditionen, die von Jahr zu Jahr erneuert werden. Sie finden ihren Ausdruck in Prozessionen, im Blumenschmuck und in den Trachten. Besonders die Walser legen Wert auf die alten Bräuche und achten darauf, daß sie nicht durch die moderne Zeit zerstört werden.

37

38 links Die Häuser in diesem Dorf, an den Hängen des Valchiusella gelegen, scharen sich dicht um die Kirche. Die Landschaft ähnelt dem Charakter ihrer Menschen: scheu, stolz und zurückhaltend, aber mit unerwartet aufblitzender Heiterkeit.

38–39 Baceno ist der größte Ort in Val Formazza, genauer gesagt Val d'Antigorio, wie der untere Teil des Tals heißt. Der Unterschied im Namen hat mit der Verschiedenheit der Landschaften zu tun. Die Baceno-Gegend ist weniger wild, eher ruhig, aufgelockert und friedlich.

39 unten links Eine mittelalterliche Brücke bei Valchiusella. Nicht weit von hier verläuft die von den Legionen des Terentius Varro Murena benutzte Straße, die nach dem von ihnen gegründeten Augusta Pretoria (Aosta) führt. Die Wasser des Valchiusella fließen in die Moränenmulde von Ivrea.

39 unten rechts Bestechend ist die wilde Schönheit des Griestals in einer unberührten Landschaft. Es liegt im oberen Val Formazza in einer großartigen Kulisse von Almen, Wäldern, Bergen und Gletschern. Dies ist eine der unwirtlichsten Gegenden der Alpen überhaupt.

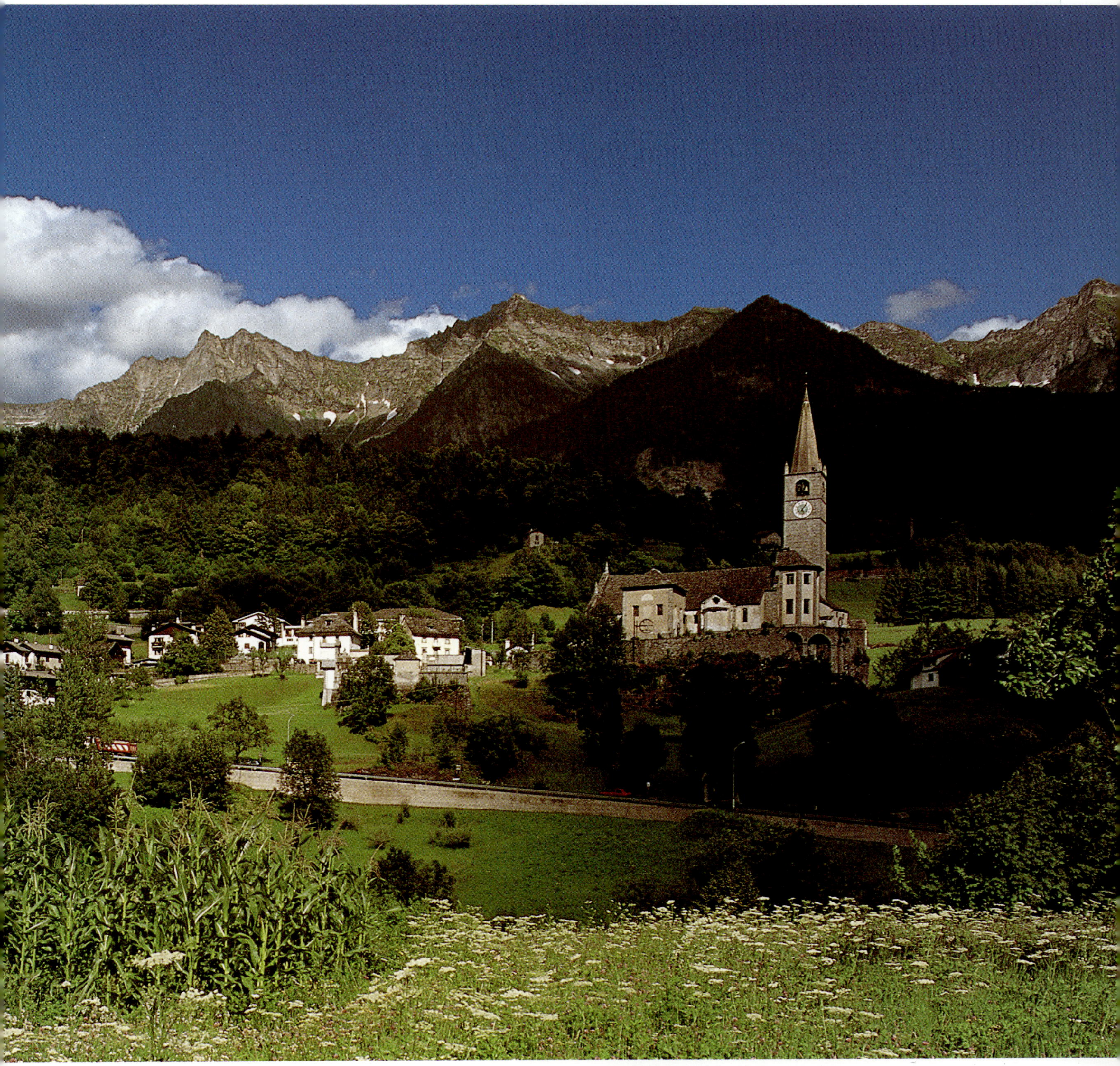

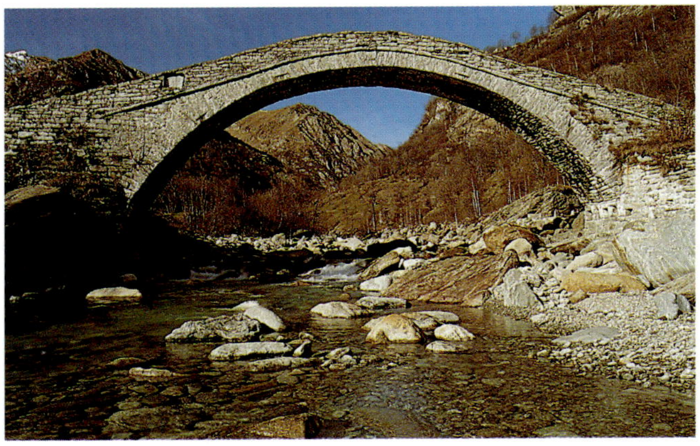

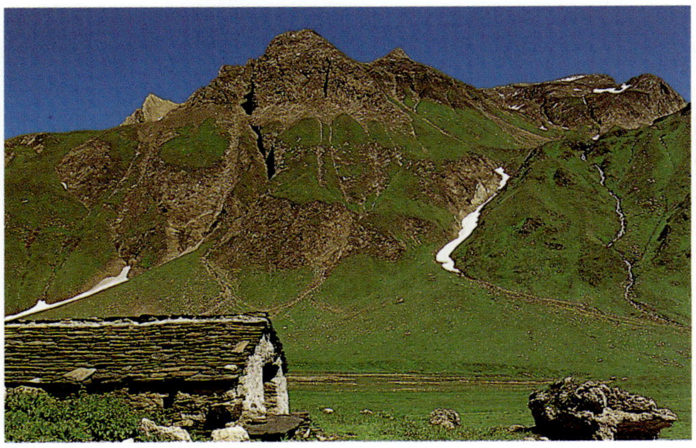

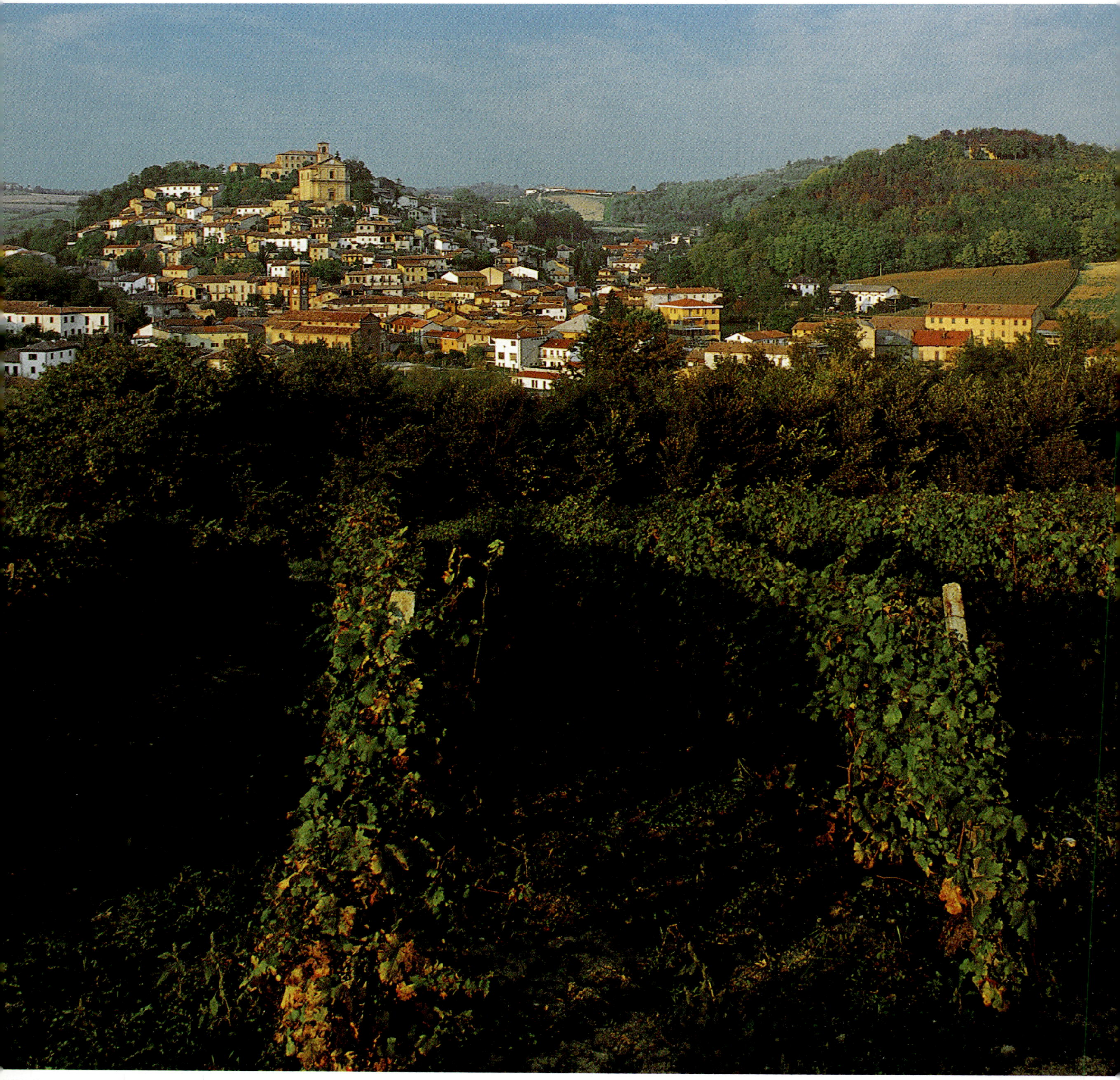

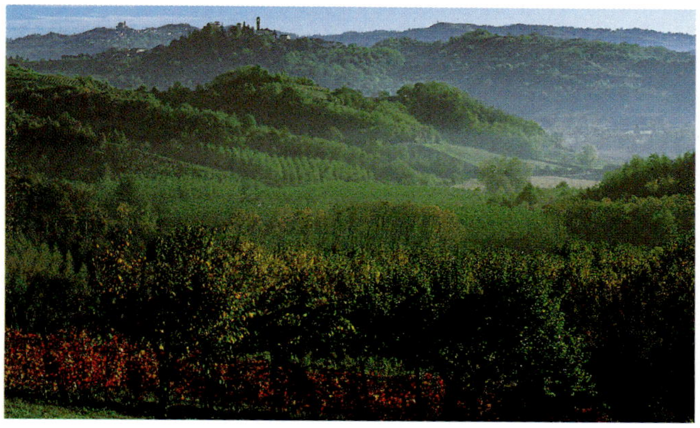

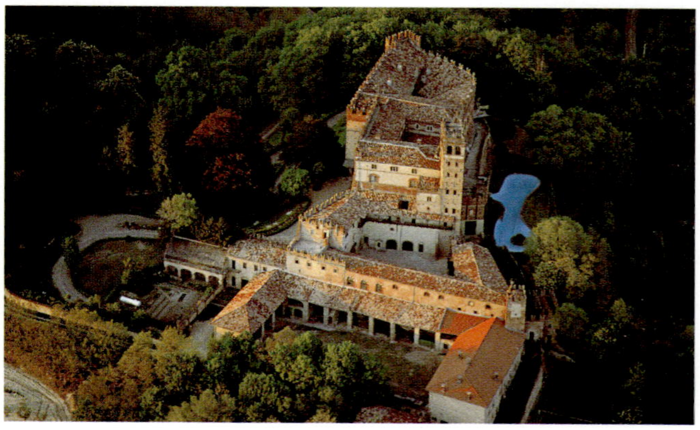

Alpen schließen den piemontesischen Bogen mit zwei vornehmen „Visitenkarten" ab: dem bereits erwähnten Monte Rosa und dem Matterhorn (wieder im Aostatal), das am 14. Juli 1865 von dem Engländer Edward Whymper erstmals bestiegen wurde; Guido Rei, der sich als Dichter und Schutzpatron der Bergwelt besonders verdient machen sollte, war damals knapp fünf Jahre alt.

Ebenso wichtig wie die Berge ist das Hügelland, das sich über 35 Prozent der Region erstreckt, vor allem die Langhe und das Monferrato. Die Langhe sind verschlossen, schroff und wild, eine ehemals arme Gegend (die Prädikatsweine, die Trüffel und die Haselnüsse sind Reichtümer späterer Zeiten, die das frühere Elend mildern aber nie auslöschen können). Demgegenüber Monferrato: friedlich und gepflegt, großzügig und umarmend wie die Mundart.

„Die Langhe, die sich nie verirren", wie Pavese sagte. Der Name Langhe im Plural ist umstritten. Giovanni Arpino besteht auf den Singular: „Nur die anderen sagen Langhe; ein echter ‚Langarolo' wird immer nur Langa, im Singular, sagen; denn es hat zwar jeder einzelne Teil seinen eigenen Namen, aber es gibt nur die eine, einzige Mutter Langa, die erdverbundene Mutter mit ihrem großen, hügeligen Busen ... Man müßte sie zu Fuß durchwandern, von Bossolasco bis Bergolo, von Castino bis Santo Stefano, und ihre wellige Landschaft auf sich zukommen lassen wie einen Hundemischling vom Bauernhof, der sich dem Fremden etwas mißtrauisch nähert." Derselbe Ratschlag bietet sich für das Monferrato an. Monferrato mit Bagnasco, Scurzolengo, Canelli, Cortanze, Passerano, Moncalvo, Cocconato, Costigliole und Nizza ... Eine Landschaft wie eine Wippe, wie sie von Agostino Richelmy beschrieben wird: „Der Straßenverlauf ließe sich kurzerhand als ein einziges Auf und Ab beschreiben, denn ob man von Turin nach Asti und von dort weiter nach Casale oder nach Nizza oder sonstwohin direkt oder über Umwege

40–41 Die Hügel des Monferrato liegen zwischen den Hängen des Ligurischen Appennin und dem Po. In dieser Landschaft sind Schlösser, Weingüter, Bauernhöfe und Dörfer verstreut, die einen gewissen Abstand voneinander halten und jeweils auf die eigene jahrhundertealte Geschichte achten. Auf dem Photo ein Weingarten nahe Ottiglio.

40 unten links Im Monferrato erzielt die Landwirtschaft auf sanften und fruchtbaren Böden gute Erträge. Hier hat der Begriff „Leben" noch Bedeutung, und die Spezialitäten der heimischen Küche sind unübertroffen.

40 unten rechts Das Schloß Camino mit seinem markanten Profil ist ein Wahrzeichen des Monferrato. Ein üppiger Park umgibt die Schloßanlage.

41 Die Hügellandschaft Monferratos mit ihrem frischen, trockenen Klima ist eine der lieblichsten Gegenden im Piemont.

*42–43 und 42 unten
Nach einer herzhaften
Mahlzeit ist der Aufstieg zu
La Morra il Belvedere
unerläßlich. Wie von einem
Balkon aus hat man einen
herrlichen Ausblick über die
Langhe mit ihren gepflegten
Weingärten.*

gelangen will, immer bewegt man sich in einer unebenen Landschaft, auf Höhenzügen oder in Tälern … wie auf einer Wippe, deren niedrigste Punkte im Tal des Tanaro liegen." Ein anderer Fremdenführer ist Mario Soldati, der aus Treue zu seiner Heimat immer einen Wohnsitz in Turin beibehielt: *„Vor dem Hintergrund der mächtigen, schimmernden Gletscher des Monte Rosa erheben sich die veilchenfarbenen Hügel von Gattinara und vom Bielleser Land, und die Namen der Weingüter wie Lozzolo, Masserano, Lessona und viele andere üben einen besonderen Zauber aus; denn es sind Namen von herben, füllingen, kräftigen Weinen, in denen man quasi den Fels und die Sonne schmeckt."*

Die beiden Bezirke Biella und Canavese werden durch die Serra d'Ivrea getrennt, eine 25 Kilometer lange Moräne, die ihresgleichen in den Alpen sucht; diese von Kastanien und Erlen im „Canaveser Grün" bewachsenen Hügel entstanden im Quartär, und ihr Verlauf wird von Carlo Trabucco so beschrieben: *„Von der Linie, die ungefähr westwärts vom Fluß Malone verläuft, muß man in südlicher Richtung nach Chivasso gehen, von dort im östlichen Sektor entlang des Verceller Ackerlandes aufwärts an Cigliano vorbei, dann wieder westwärts bis zum Tal des Orco, bis man, sich auf Frankreich zubewegend, vor den Felswänden der Gran-Paradiso-Gruppe steht. Hier sterben Vater Piemont und sein Sohn, das Canaveser Land."* Der Name Orco, im Dialekt „eva d'or", was soviel wie Goldwasser bedeutet, bezeichnet den Fluß, wo die Goldwäscher Körnchen für Körnchen ihr Glück suchen, ähnlich wie Onkel Dagobert. Im Bezirk Canavese sind aus ursprünglich einem riesigen Ivreasee zahlreiche kleinere entstanden, erzählt ein Chronist des 14. Jahrhunderts, Pietro Azario: *„Einmal lag in der Mulde, die sich von südlich der Stadt Ivrea bis zu den Bergen erstreckt, ein großer See. Der Fluß Dora, der sein Wasser mit dem des Sees vermischte, lief unter Mazzé durch. Hier wurde der weiche Grund vom Wasser der Dora*

44–45 Rocca im Winterschlaf. Wie eine Festung wacht es über die schneebedeckten Weinfelder, die noch nichts von der späteren Weinernte oder der arbeitsreichen Zeit davor ahnen lassen.

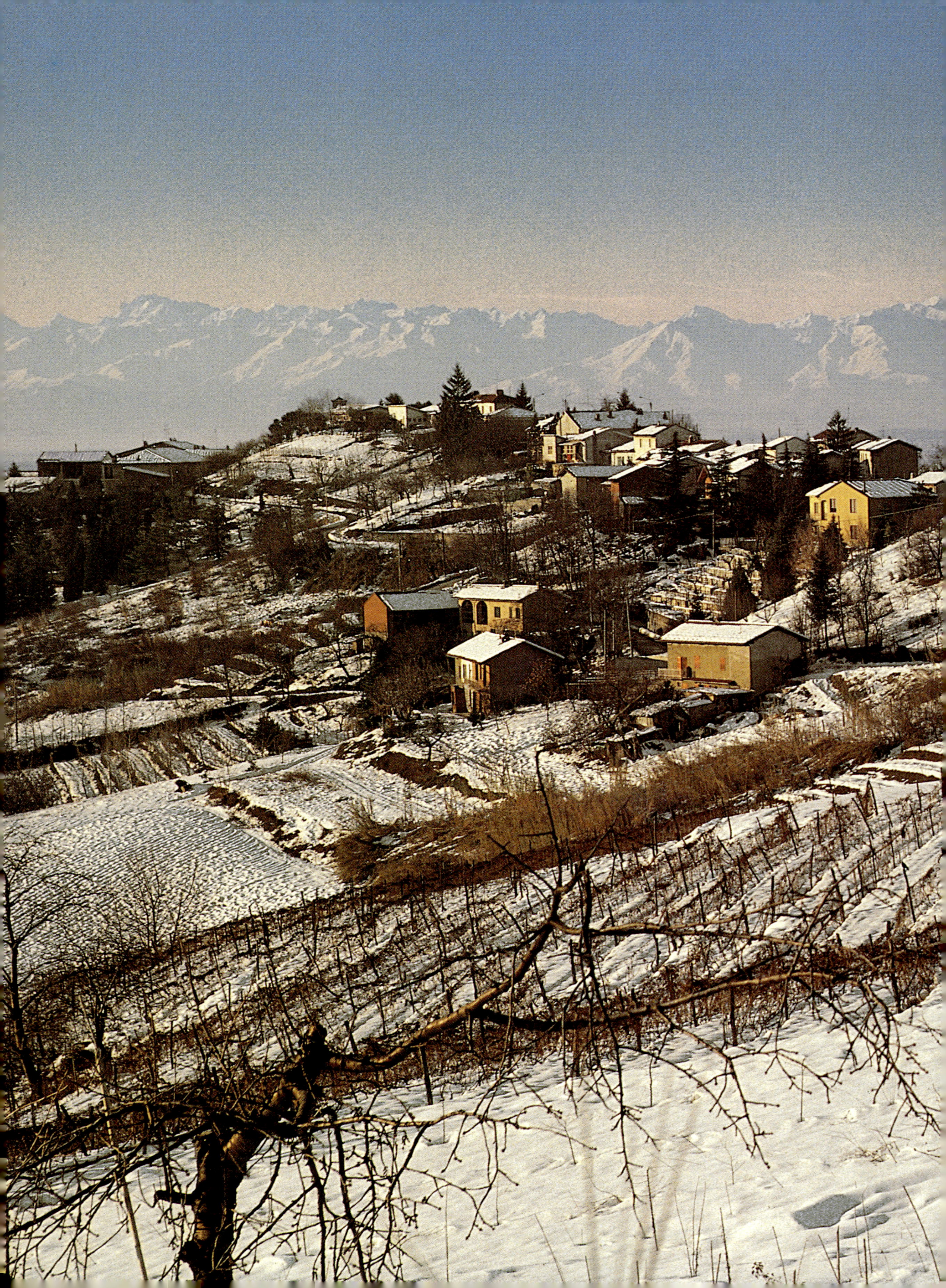

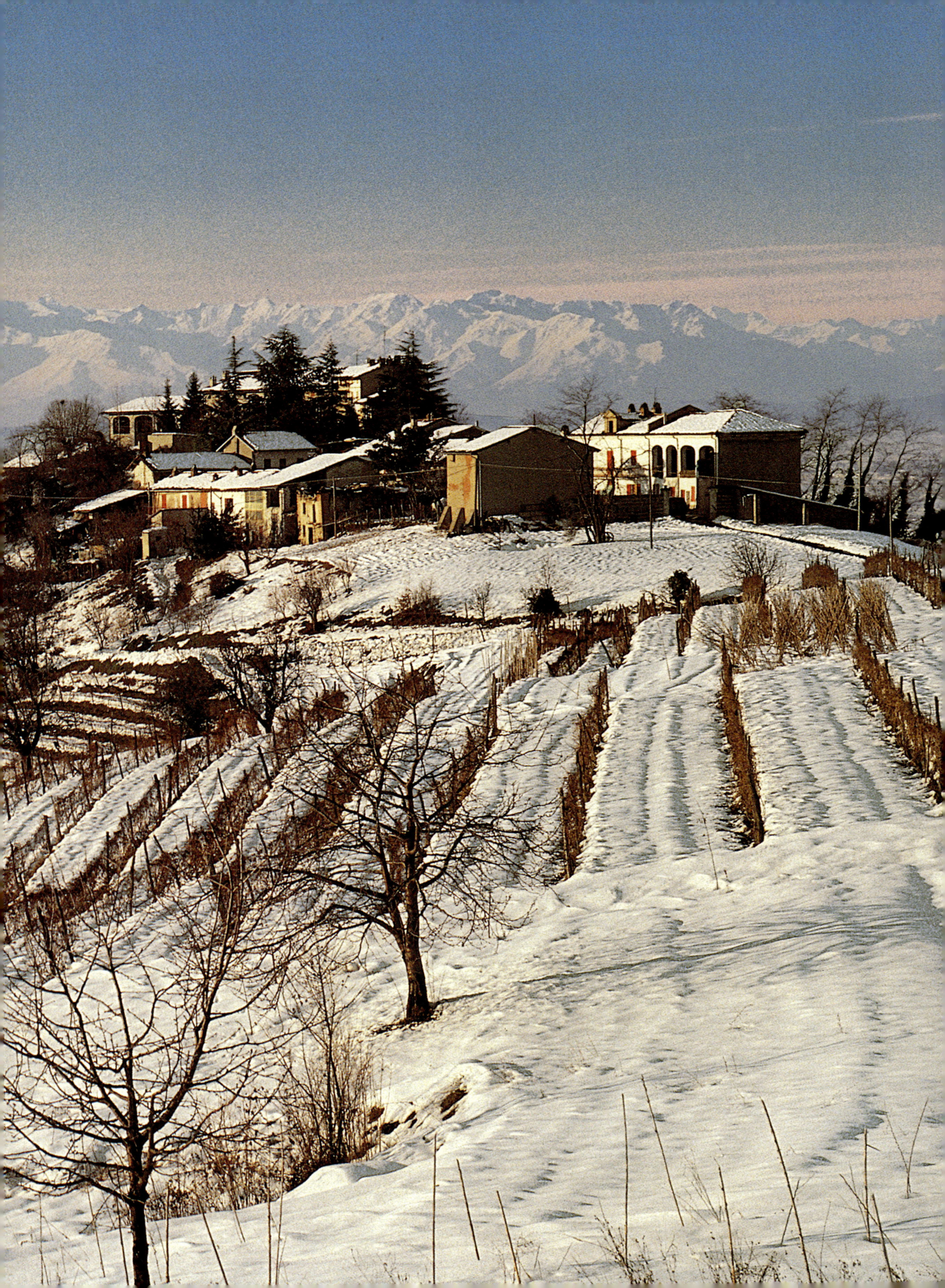

46–47 Die Insel San Giulio mitten im Ortasee. Sie ist 138 m breit und nicht einmal doppelt so lang. Einige wenige Privathäuser umgeben das Priesterseminar, den bischöflichen Palast und die Basilica di San Giulio.

46 unten Der Viveronesee (auch als Lago d'Azeglio bekannt) bildet die Grenze zwischen den Bezirken Vercelli und Canavese. Wie der Candiasee wurde er von Moränen gebildet und liegt im Moränengürtel von Ivrea. Wegen seiner vielen Hechte und Schleien ist er bei Anglern beliebt.

weggespült, bis eine Bresche entstand, durch die das Wasser abfließen konnte, wodurch der See austrocknete. Aus dem Seeboden wurde Ackerland, außer im nördlichen, am tiefsten gelegenen Teil, wo der Azeglio-See (oder Viverone) übrigblieb, in dem sich Plötzen und Schleien tummeln. Nach Süden hin nahe Candia, Castiglione und Caluso, an einer sehr tief gelegenen Stelle, wo das Wasser nicht abtrocknen konnte, liegt noch ein See, der reich an Plötzen, Hechten und Schleien ist. Dieser See heißt heute Candia." Der Sirio-See wurde vom Bohemien Arrigo Boito und von der göttlichen Eleonora Duse besonders bevorzugt.

Zwischen Piemont und der Lombardei, zwischen Ebene und Voralpenland, liegen die Novareser Seen. Über den Ortasee (mit der Insel San Giulio) und seine Umgebung gibt es eine ältere Schilderung von Bonfantini, die hier und da noch zutrifft: „Trotz der heiteren Atmosphäre von Gozzano, mit den lebhaften Kleinfabriken, dem sportlichen Eifer und den vielen freundlichen Gastwirtschaften, ist das Leben doch noch von einer gewissen Unbeweglichkeit geprägt, aber auch von einer selbstbewußten, bescheidenen Zufriedenheit mit seiner Eigenart."

Von Gozzano ist es nicht weit zum Lago Maggiore. Hier liegt Pallanza mit den Gärten der Villa Taranto; andere Orte sind Arona, Stresa, die Hauptstadt der Musik, wo der Widerhall der ‚belle époque' noch spürbar ist; Baveno und viele andere noch. Das Liebespaar aus Hemingways „In einem anderen Land" hielt sich am Lago Maggiore auf: „Wir wollten nach Pallanza am Lago Maggiore zu fahren, weil es dort im Herbst so schön ist, wenn die Blätter sich verfärben; man kann schöne Spaziergänge machen und im See Forellen fischen. Wir wollten nach Pallanza eher als nach Stresa, wegen der Leute; von Mailand nach Stresa kommt man im Nu, und so trifft man dort jeden. Außerdem ist Pallanza ein hübscher Ort, und man kann zu den Inseln hinausrudern..."

Isola dei Pescatori; Isola Bella mit dem Palazzo Borromeo (nach Plänen von Castelli, Fontana, Riccio und Richini im 17. Jahrhundert erbaut), dessen in Terrassen angelegter Garten eine herrliche Abfolge von Zedern, Orangenbäumen, Kakteen, Palmen, Statuen, Obelisken und Springbrunnen enthält; Isola Madre mit einer botanischen Schatztruhe voll seltener Arten; die kleine Insel San Giovanni mit einem kleinen Schloß aus dem 16. Jahrhundert, wo Arturo Toscanini neue Inspiration schöpfte. Auch Guido Gozzano begab sich manchmal zum Lago

47 oben Die Basilica di San Giulio umfaßt Kunstwerke aus sieben Jahrhunderten, von der Romanik bis zum Barock. Der Ambo, aus Serpentinmarmor aus Orta, ist besonders schön.

47 unten Der Sacro Monte von Orta umfaßt zwanzig Kapellen. Die Fresken, von den berühmtesten einheimischen und lombardischen Malern erstellt, schildern das Leben und die Wunder des Heiligen Franziskus.

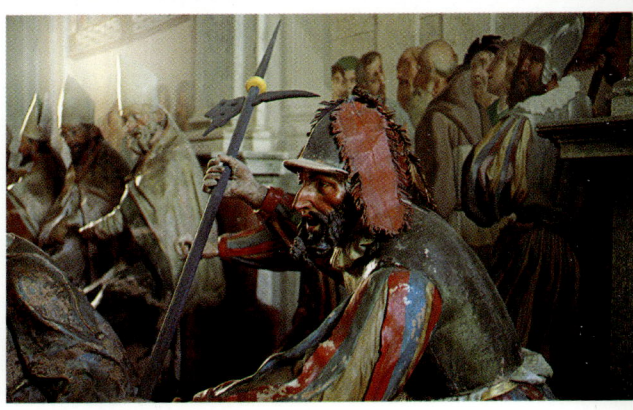

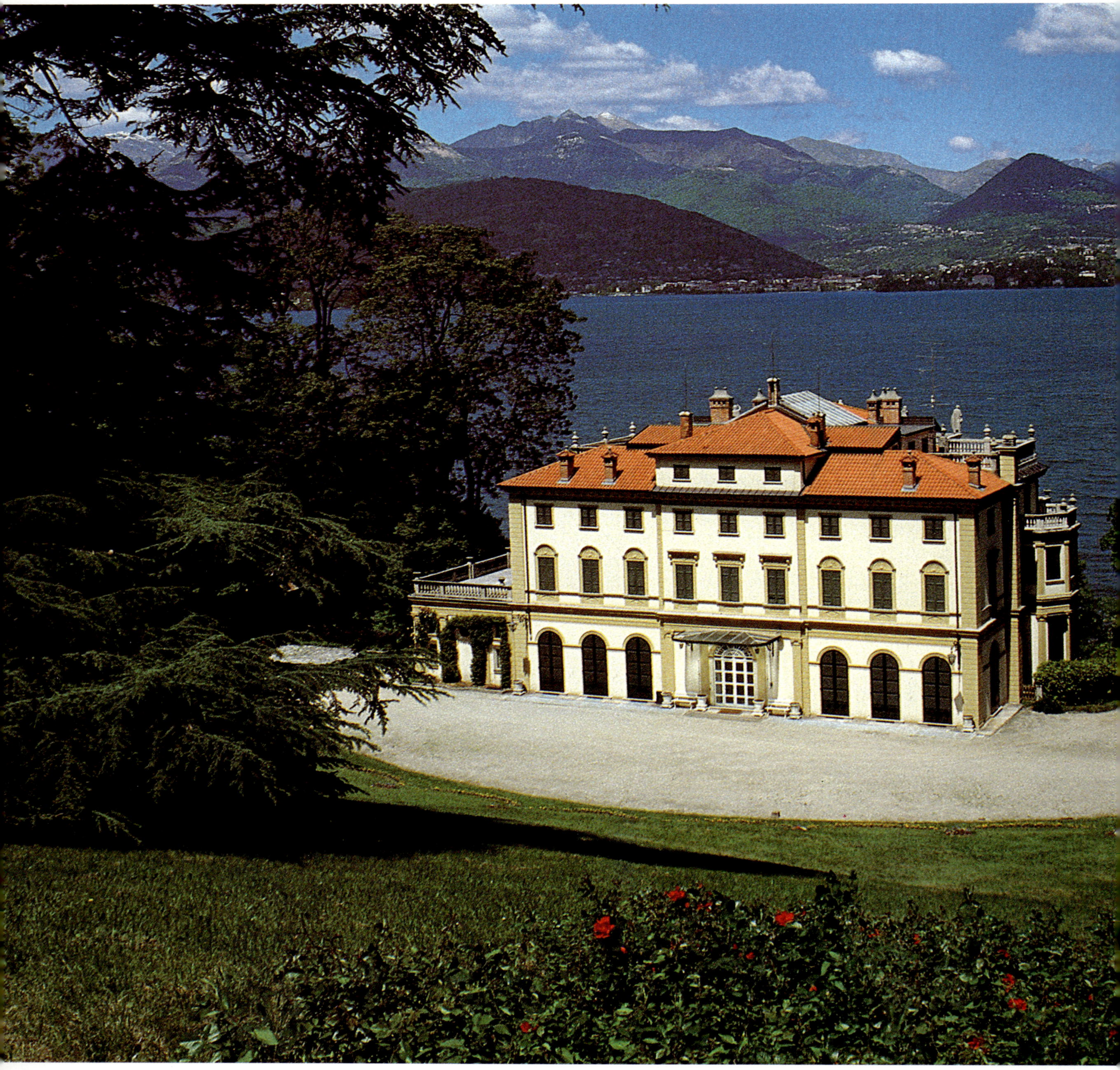

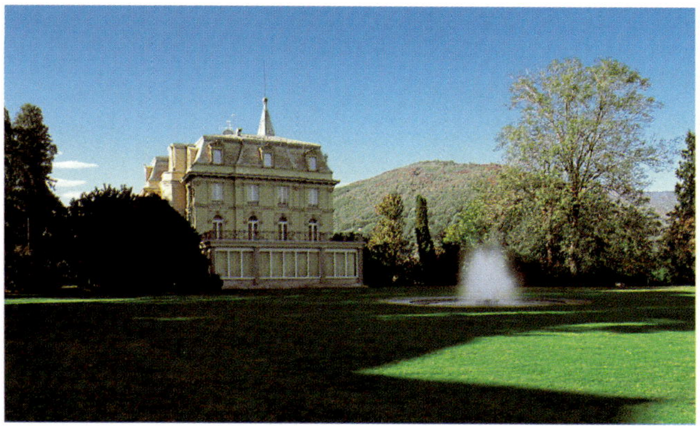

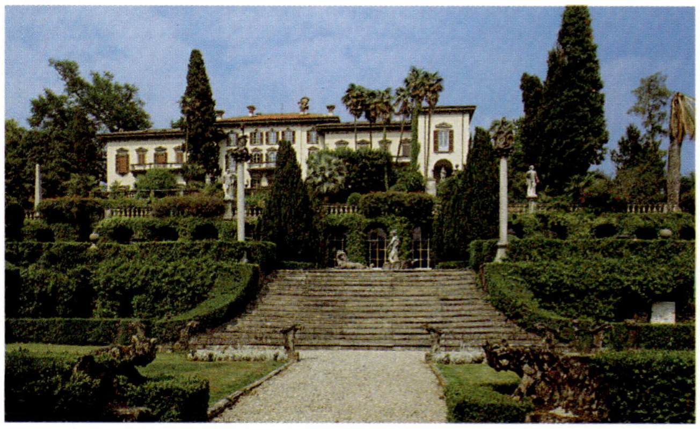

48–49 Villa Pallavicino ist einer der größten ehemaligen Herrensitze an den Ufern des Lago Maggiore. Über die Jahre hinweg hat sie mehrere Wandlungen durchgemacht, von privatem Wohnsitz bis zum Domizil öffentlicher Institutionen.

48 unten links Die Villa Taranto in Pallanza ist umgeben von einem in Terrassen angelegten und mit exotischen Pflanzen gefüllten Garten. Sie wurde von ihrem einstigen englischen Besitzer Excharn dem italienischen Staat vermacht.

48 unten rechts Verbania ist die größte Stadt am Lago Maggiore; folgerichtig ist sie zur Provinzhauptstadt erklärt worden. Der Sitz der Provinzregierung befindet sich in dieser Villa in der Nähe des alten Rathauses.

49 oben Intra am Ufer des Lago Maggiore. Schiffe nach Isola Bella, Isola Madre und Isola dei Pescatori legen hier an. Sehenswert sind unter anderem die vom Architekten Giuseppe Zanoia im neoklassischen Stil restaurierte Kirche San Vittore und der Palazzo Peretti aus dem 18. Jahrhundert.

49 unten Der Blick auf Verbania vom Seeufer aus zeigt den Charme und auch die guten Unterkunftsmöglichkeiten des Ortes.

50–51 Isola Bella im Lago Maggiore war bis ins 17. Jahrhundert nicht mehr als ein von Fischern bewohnter Felsen. Die Familie Borromeo verwandelte sie in ein barockes Juwel. Der Palast und der in Terrassen angelegte Garten wurden zwischen 1650 und 1671 gebaut.

Maggiore, und zwar aus Liebe zu Turin, um dieses nach seiner Rückkehr um so mehr zu genießen, wie er einmal gestand: „Ich wäre gerne Nicht-Turiner, um Turin mit neuen Augen zu sehen. Der Fremde, der unsere königliche Stadt zum ersten Mal besucht, hat sicherlich eine ästhetische Freude, zu der unsere Augen nicht mehr fähig sind, weil sie sich an seine Züge so gewöhnt haben wie an ein seit Kindheit vertrautes Gesicht." Der Umriß der Hügel verzauberte auch Cesare Pavese: „Ich fühle mich wohl oben auf einem Hügel", schrieb er in seinem Roman „La Bella Estate", dessen Handlung in Turin spielt, und „Kein Mädchen ist so hübsch wie ein Hügel", nicht einmal Clelia, die ein Liebesverhältnis mit Beccuccio in Val Salice hat, dem Tal, das, wenn man ihm aufwärts folgt, nach Colle della Maddalena führt und von dort nach Superga zur Basilika („Von den Brücken über den Po sah man sie an gewissen Abenden schwarz heraufragen, mit einer Lichterkrone geschmückt wie eine schöne Frau, die eine Perlenkette achtlos über die Schultern geworfen hat"). Im Hintergrund liegen Rivoli mit seinem Moränengürtel und die Seen von Avigliana. Große und kleine Berge und Hügel, im Dialekt nennt man sie „brich", allerdings ohne daß der Begriff vollkommen klar definiert wäre. Wie Augusto Monti erklärte: „Es gibt den ‚brich' und

51 oben Der Lago Maggiore ist von Hügeln und hohen Gipfeln umgeben, von Gattico bis Borgo Ticino und Mottarone. Der „Spiegel von Verbania", wie der See auch heißt, liegt zwischen den Bergen und der Ebene, zwischen Piemont und der Lombardei und ist ein Ort des eher stillen Tourismus.

51 unten Die Schlösser der Familie Borromeo erheben sich aus dem Wasser vor Cannero. Der Sage nach sind es ehemalige Seeräuberhöhlen. Graf Ludovico Borromeo ließ 1519 eine Burg auf den Grundmauern des Malpaga-Herrensitzes bauen, die allerdings jetzt nur als Ruine besteht.

die Ebene, Bergdörfer und Hügeldörfer und Dörfer der Ebene, und – ohne über Rassen reden zu wollen – man kann nicht leugnen, daß jedes Dorf seinen eigenen Menschentyp aufweist, der ein wenig nach seinem Ebenbild geschaffen ist: Es gibt eine Seele des Berges und dessen Bewohner, eine Seele der Ebene und deren Bewohner. Piemont ist aber ein ganz eigener Landstrich, es ist weder nur Berg noch nur Ebene, sondern beides, und ‚brich' und Ebene sind so verbunden, daß das eine ohne das andere keinen Sinn macht. Auch der Piemontese ist ein Typ für sich (...) mit zwei Seelen, die wie Schmerz und Freude bei Platon so verschmolzen sind, daß, wenn man die eine anfaßt, die andere gleich mitkommt, ja, sie bilden – wie die Landschaft – eine einzige Seele, die aus den beiden überlagerten und verflochtenen besteht."

Eine Persönlichkeit, die diese Symbiose verkörpert, ist Luigi Einaudi, von 1948 bis 1955 Präsident der Republik, der eine unvergeßliche Erinnerung des ländlichen Cuneo hinterlassen hat. „Nach dem Tod meines Vaters kehrte meine Mutter nach Dogliani, ihrem Geburtsort, zurück, wo ihre Verwandten noch lebten. Jahre später, als ich schon auf der Universität war, hatten wir es uns zur Gewohnheit gemacht, morgens sehr früh, zwischen vier und fünf, aufzustehen und auf den Straßen und Pfaden im Gemeindegebiet spazierenzugehen."

Von den zwei Niederungen, der oberen und der unteren, erstreckt sich die eine von Cuneo bis Turin, die andere von Turin bis zum Fluß Ticino. Die obere Ebene ist die ältere, während die untere außerordentlich fruchtbar ist; hier liegen die Reisanbaugebiete der Bezirke Vercelli und Novara. Guglielmo Alberti erinnerte an den

52 links Die durch Erdzungen getrennten Reisfelder gleichen einem ruhigen, scheinbar schlafenden Spiegel. Die Pappeln schützen die für die Gegend um Vercelli typische Anpflanzung.

52–53 Der Sesiafluß bildet die östliche Grenze des unteren Vercellibezirks. Der Fluß versorgt die Bewässerungskanäle mit dem für den Reisanbau nötigen Wasser.

54–55 Casalrosso ist ein ländlicher Ort im unteren Vercellibezirk. Die Bauernhöfe und Reisfelder scheinen wie in der Landschaft erstarrt. Doch der Eindruck täuscht, die Natur verlangt den Bauern ständige harte Arbeit ab.

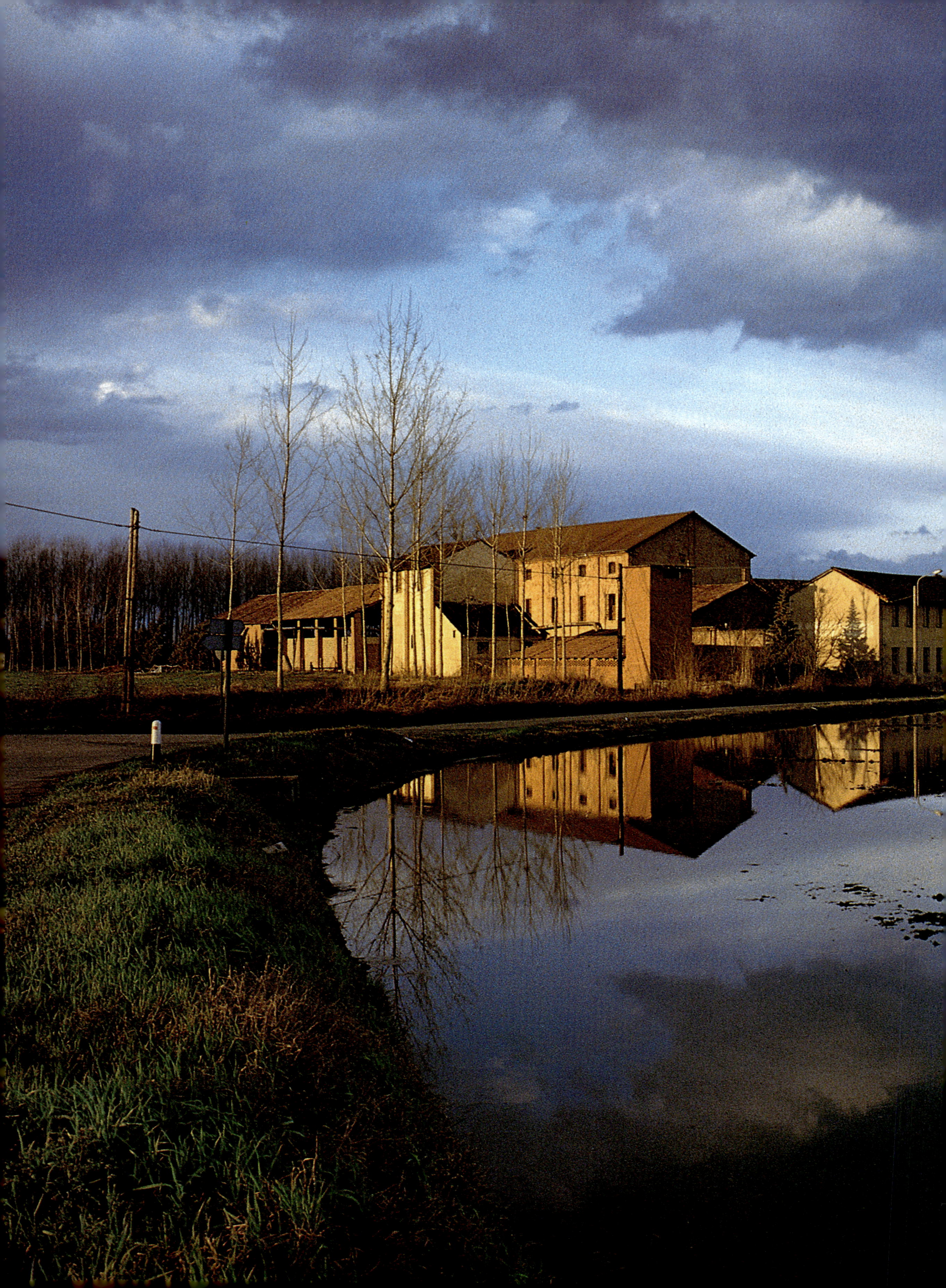

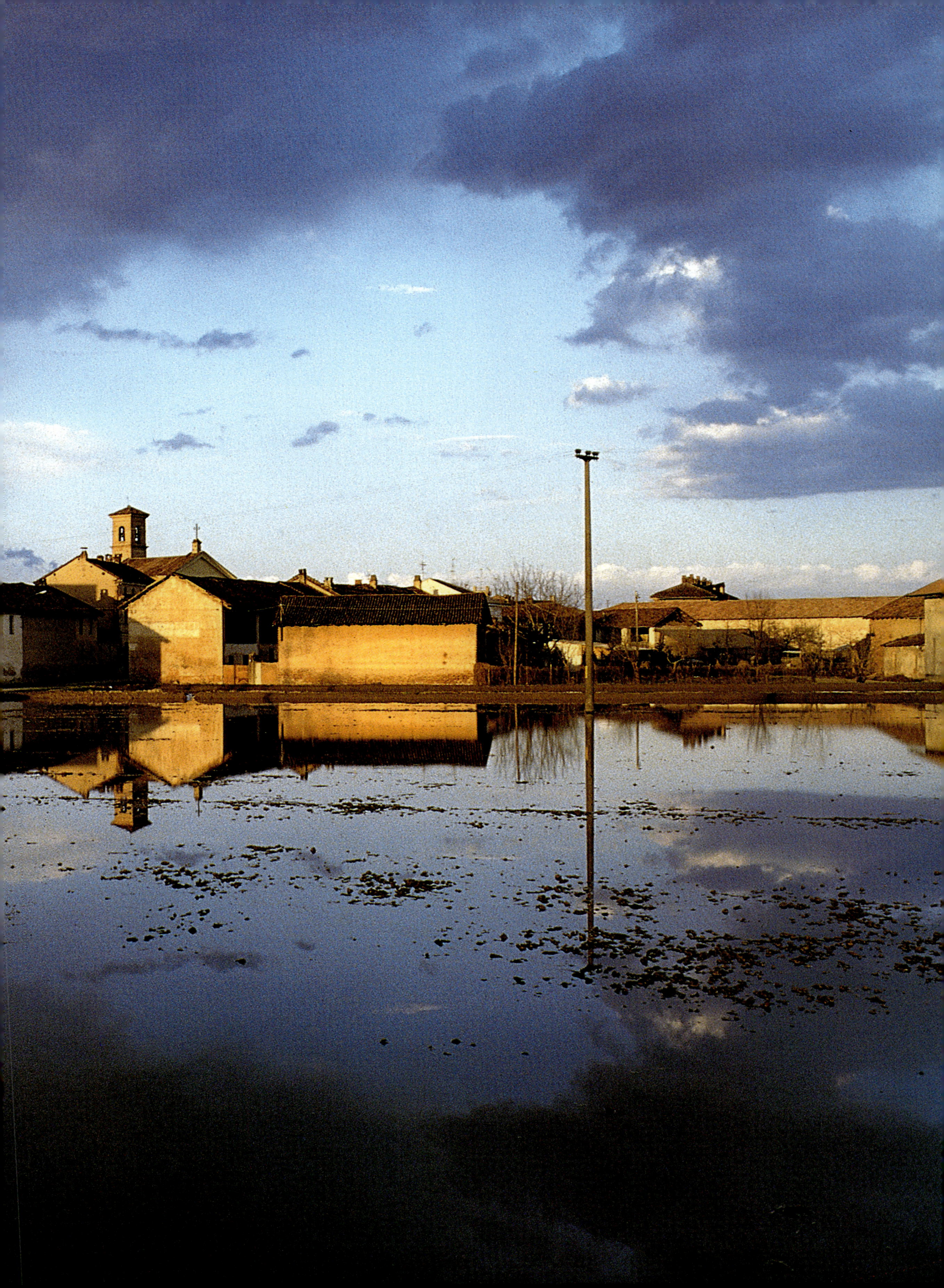

großartigen Blick, den man von Vercelli aus Richtung Biella hat: „Zwischen Norden und Westen liegt der ganze Bogen der Alpen wie eine enorme Festung, die zum Schutz der Ebene gebaut wurde. Besonders in der Früh zur schönen Jahreszeit ist das ein traumhaftes Panorama. Die gewaltigen Bastionen im Hintergrund werden wie durchsichtig durch den Glanz des Lichts, so daß sie fast mit dem zarten Blau des Himmels verschmelzen, und ganz oben werden sie von dem ewigen Schnee des Monte Rosa überstrahlt. Rundherum zu ihren Füßen erstrecken sich die scheinbar toten Lagunen der Reisfelder wie Spiegel des Himmels, von Erdzungen aufgeteilt, die sich durch Reihen von Pappeln noch deutlicher abheben. Hin und wieder erhebt sich ein Reiher …" In „Diavolo rosso" sagt Paolo Conte über die Reisfelder: „Schaut auf die höchsten Nächte/dieses sternenverhangenen Nordwestens/und die Wagenspur, gefroren/wie die Blicke der Franzosen/ein Walzer von Wind und Stroh/Der bäuerliche Tod/der die Reisfelder hinaufschreitet/quakt wie die Frösche/und pünktlich/kommt er zu den weißenTennen/wie die taglöhnernden Mäherinnen." Der Photograph und Dichter Giorgio Sambonet drückt sich so aus:

„Luft voller Blütenstaub/von den blühenden Zweigen/fällt er wie Watte fruchtbar auf die Reisfelder;/ein Zittern des Windes/im gekeimten Samen, der zur Blüte wird./Nie wird verlorengehen/das Rauschen des Reises in seiner nassen Erde." Solche Bilder erblassen nicht, sie haften im Gedächtnis, fordern zur Wiederkehr auf.

56 links Sorgfältig bearbeitet und in Schweigen gehüllt, bilden die Reisfelder den sogenannten „großen künstlichen Sumpf".

56–57 Hinter diesen Reisfeldern ragt der Monte Rosa empor, wie um das Saatgut zu verteidigen. Der im 15. Jahrhundert eingeführte Reisanbau ist die wirtschaftliche Grundlage Vercellis und prägt seitdem jeden Aspekt des Bezirks Vercelli. Vercelli wird oft als „Europäische Reishauptstadt" bezeichnet.

58–59 Palazzolo Vercellese ist einer der Hauptorte des Reisanbaus. Die Stadt ist zur Gänze von bewässerten Feldern umgeben, und einige hervorragende Reissorten werden hier geerntet.

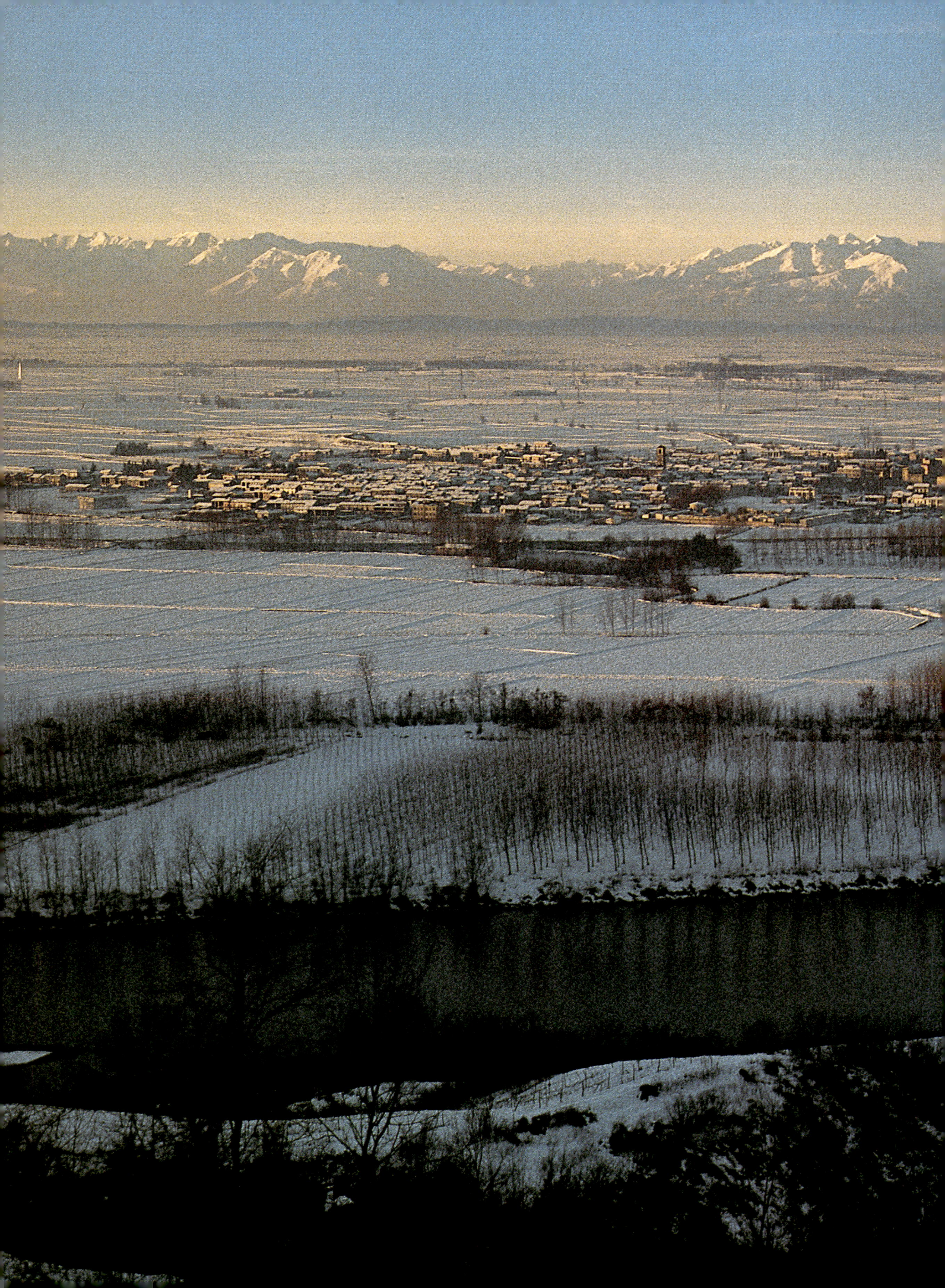

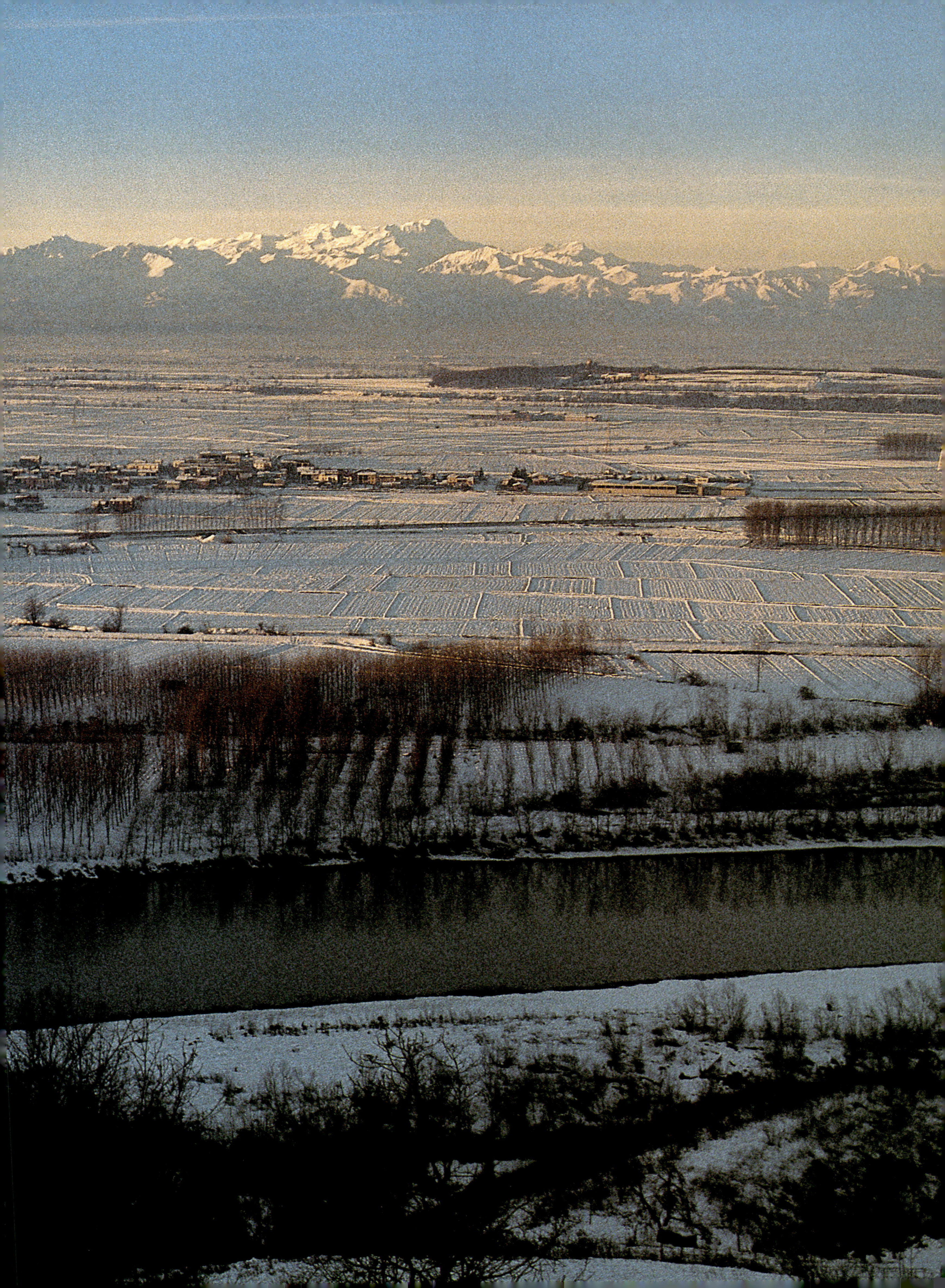

Eine Hauptstadt hinter Glas

60 oben Das Turiner Stadtwappen prangt auf den Markisen der Piazza San Carlo.

60 Mitte Im Vordergrund sieht man eine der zwei von Carlo Chelli geschaffenen Statuen, „Religion" und „Glaube", die die Treppe zur Kirche Gran Madre di Dio flankieren. Das Gesicht der Skulptur ist der Piazza Vittorio zugewendet. Der Platz ist mit seinen 34 850 m² einer der größten Europas; er wurde im 19. Jahrhundert während der Herrschaft Carlo Felices nach Plänen des Architekten Giuseppe Frizzi gebaut.

60 unten Das Photo zeigt einen Abschnitt der Uferstraße, der zum Corso Cairoli führt. Die militärisch strammstehende Häuserreihe spiegelt sich im Fluß.

Turin hat nie Fremde in großer Zahl angezogen, was aber ein Vorteil ist, wie einer von ihnen, ein Deutscher namens Kurt Seidel, versicherte. Er selbst war ein Zufallsbesucher, der kurz vor der Wende zum 20. Jahrhundert in die Stadt kam. Geplant war ein Aufenthalt von wenigen Stunden auf dem Weg in das andere Italien, das der Sonne und des Meeres; er blieb jedoch bis zum endgültigen Abschied. Er freundete sich mit Schriftstellern und Künstlern an, schrieb in den Zeitungen über seine „Eindrücke" der ehemaligen Hauptstadt, machte Schulden (Spielschulden, heißt es), aber vor allem vergaß er nicht, seinem Landsmann Baedeker zu danken: „Es ist ein Glück, daß Turin an Meisterwerken der Kunst arm ist und nur wenige Attraktionen besitzt. Denn außer ein paar guten Gemälden des Gaudenzio Ferrari und Fontanesi, außer der alten Porta Palatina, dem Wermuth und den Grissini gibt es nicht viel. Zuwenig also, das die internationalen Reisenden zu einem Umweg nach Turin bewegen könnte: Ich sage das, weil weder Baedeker noch andere Reiseführer heute wissen, daß Turin die modernste und schönste Stadt Italiens ist. Aber um so besser: Ich werde sicherlich meinen Landsmann Baedeker nicht darüber aufklären. Denn sollte der Tag kommen, an dem ich die Piazza Castello von den biertrinkenden, bebrillten Deutschen mit ihren ruppigen rötlichen Schnurrbärtchen, den hageren, besserwisserischen und pedantischen englischen Damen oder den französischen Kokotten mit ihren Pudeln auf dem Arm bevölkert sehen würde, müßte ich wirklich um mein geliebtes Turin trauern."

Werfen wir einen Blick auf die mythologische Vergangenheit des Flusses Po. Der Legende nach kam Phaeton – Sohn des Sonnengottes Helios – auf seinen Reisen in diese Gegend, die ihm so sehr zusprach, daß er eine Stadt gründete. Als die Zeit der Weiterreise kam – erzählt ein Reiseführer des 18. Jahrhunderts –, „befahl er Eridanus, an den Ufern des Po zu bleiben; so tauschte der Fluß seinen ursprünglichen Namen

61 Die Mole Antonelliana ist das höchste gemauerte Bauwerk der Welt. Die im 19. Jahrhundert konstruierte Nadel ist nach ihrem Architekten Alessandro Antonelli benannt und ist das Wahrzeichen Turins. Ein Aufzug bringt die Besucher zu einer Plattform, von der aus man einen herrlichen Blick über die Hauptstadt des Piemont hat.

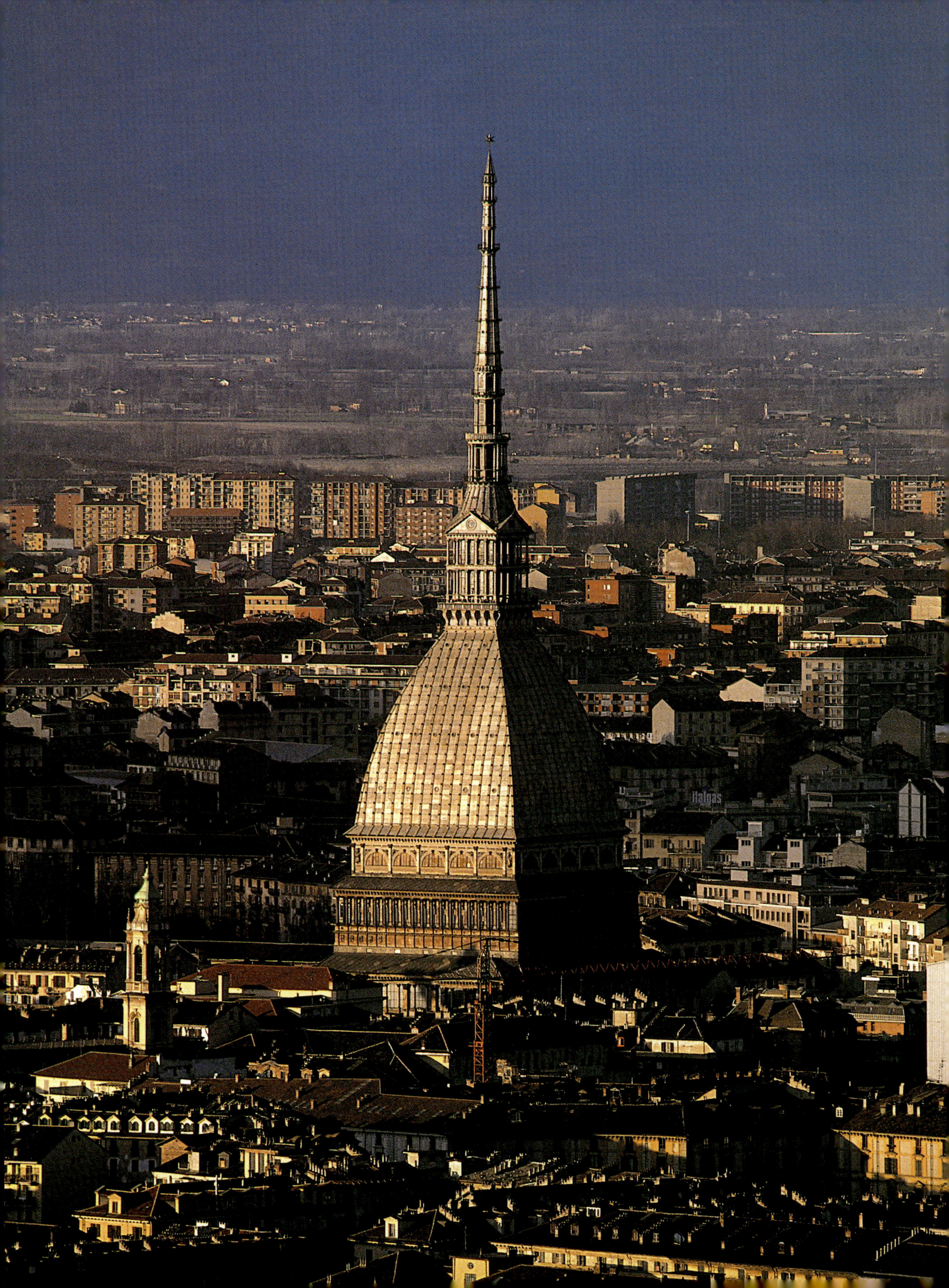
italgas

62 oben Das Denkmal des Bannerträgers der sardinischen Truppen steht gegenüber der Fassade des Palazzo Madama, die aus dem 18. Jahrhundert stammt. Die in Richtung Via Garibaldi und Via Pietro Micca blickende Skulptur ist ein Werk Vincenzo Velas und ein Geschenk der Stadt Mailand an Turin.

62 unten Das verwundete Pferd des Herzogs Ferdinand von Genua fällt zu Boden, während sein Reiter die Truppen zum Sturm anfeuert. Das 1877 von Alfonso Balzico geschaffene Denkmal erinnert an die verlorene Schlacht von Bicocca 1849.

für den des Eridanus ein und behielt diesen, bis er von den Galliern, die später die Provinz einnahmen, den Namen Pado erhielt, der von den Römern beibehalten wurde". Der Fluß spiegelt eine Welt von gestern wider, wie in einer Reihe alter Sepiabilder, die das heutige trübe Gesicht des Wassers und der Ufer erweichen. Cesare Pavese beschrieb die Sandbagger und die Badenden: „Die Lastkähne, die langsam flußaufwärts fahren, schwer beladen/kaum sich bewegend" und „die vielen Frauenkörper", die „in der Sonne im Wasser schwimmen, untertauchen oder auf das Ufer springen/paarweise zu taumeln/einige, auf dem Gras". Und bei Guido Gozzano finden wir diese Liebeserklärung an die schneebedeckte Stadt: „Kein Park in irgendeiner Großstadt Europas umfaßt auf sowenig Fläche soviel Harmonie der Proportionen, soviel Anmut und Vielfalt der Linien; keiner kann ein solches Naturpanorama aufweisen wie diese ruhige, vom majestätischen Strom bespülte und wiedergespiegelte Hügellandschaft; keiner vereinigt eine solche Vielfalt an Ausblicken: die Basilica di Superga, den Monte dei Cappuccini, den Umriß des im 17. Jahrhundert angelegten Valentino-Parks, die Türme des Borgo, das Castello Medievale und als krönenden Abschluß den Bogen der Alpen, der die jahrhundertealten Wälder überragt." Hier gibt es die verschiedenen Rudervereine, die immer wieder Preise gewonnen haben. Und die Brücken, vor allem die „Umberto II." und die „Vittorio Emanuele I." (auch die „Steinbrücke" genannt), die als Beispiele idealer Kampfstege für Degenduelle in der ‚Encyclopédie' angeführt werden. Aber hat denn der Turiner eine besondere Neigung zum Duellieren? Ist er ein so leidenschaftlicher, hitziger und wuterfüllter Mensch, daß er gleich seine Sekundanten ausschickt? Oder ist er, ganz im Gegenteil, ein Beispiel der Ausgewogenheit? Cesare Balbo, der Minister Carlo Albertos, meinte ja. Zu dieser Überzeugung war er gekommen, nachdem er über die Lage der Stadt nachgedacht hatte, nämlich: „am fünfundvierzigsten Breitengrad, genau in der Mitte zwischen Nordpol und Äquator", ein geographischer Tatbestand, der „in moralischer wie in physischer Hinsicht zur Mäßigung führt". Ein Turiner Leitsatz ist der Spruch „esagerôma nen" (nur nicht übertreiben), das subalpine ‚understatement'.

Als Übertreibung werden die beleidigenden Äußerungen Le Corbusiers über die Basilika von Superga und gegen ihren Baumeister Filippo Juvarra empfunden („Sa basilique? C'est du

62–63 Der Stadtkern Turins. Rechts der Palazzo Madama, links die Kirche San Lorenzo mit ihrem barocken Helm und im Hintergrund der Palazzo Reale. Der Bau des Palastes wurde von Christine von Frankreich veranlaßt. Seine aristokratisch einfache Fassade wurde von Amedeo di Castellamonte entworfen.

63 unten Das Denkmal Carlo Albertos auf dem nach ihm benannten Platz ist ein Werk Carlo Marochettis (1861), der auch das berühmte bronzene Pferd auf der Piazza San Carlo schuf.

64–65 Ein großartiger Blick über Turin mit seinen Denkmälern, der hoch aufragenden Mole Antonelliana („Mole" bedeutet „gewaltiges Bauwerk"), den Palästen, den warmen Farben, dem Fluß, den Bergen im Hintergrund und der perfekten Geometrie.

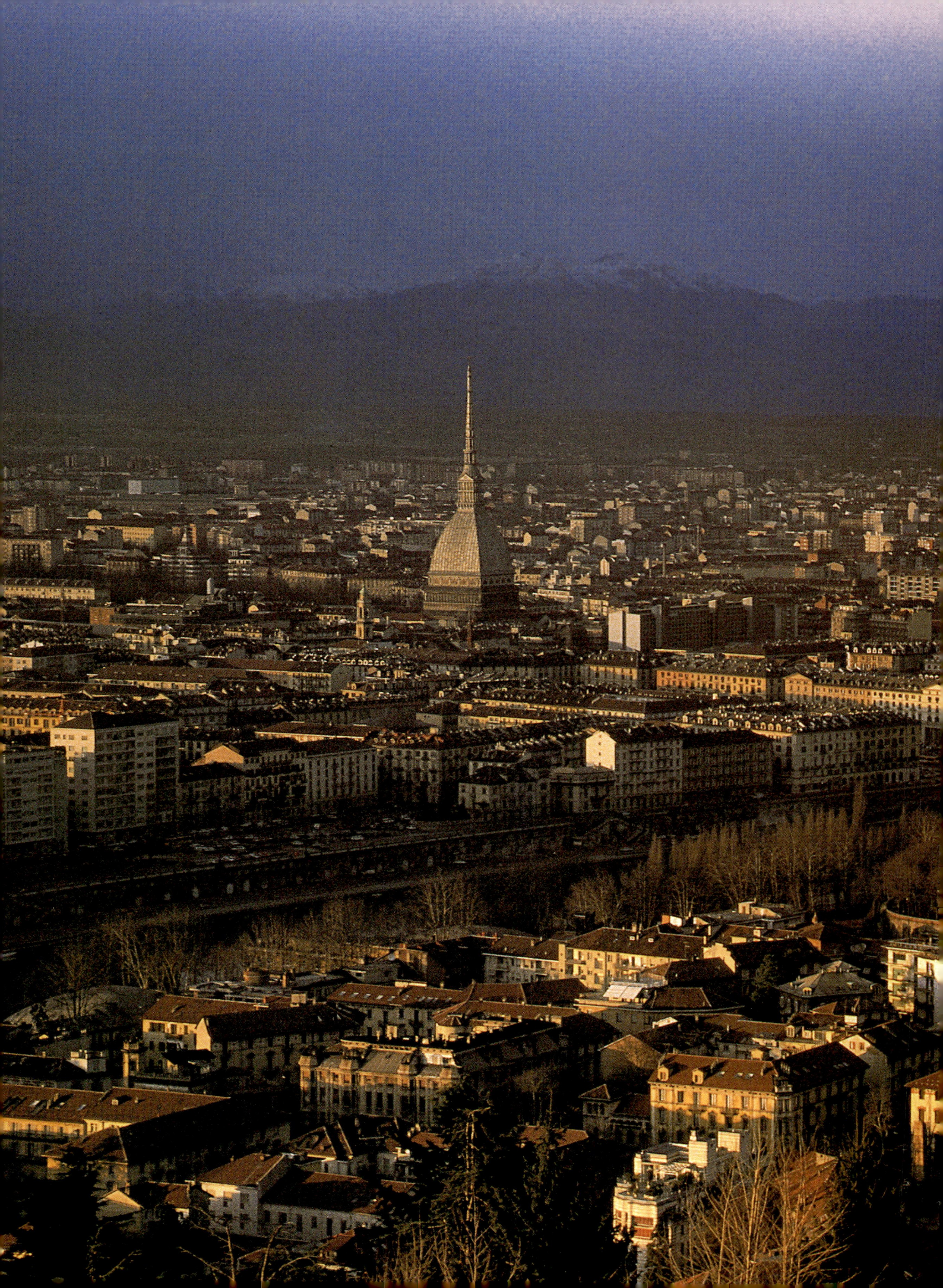

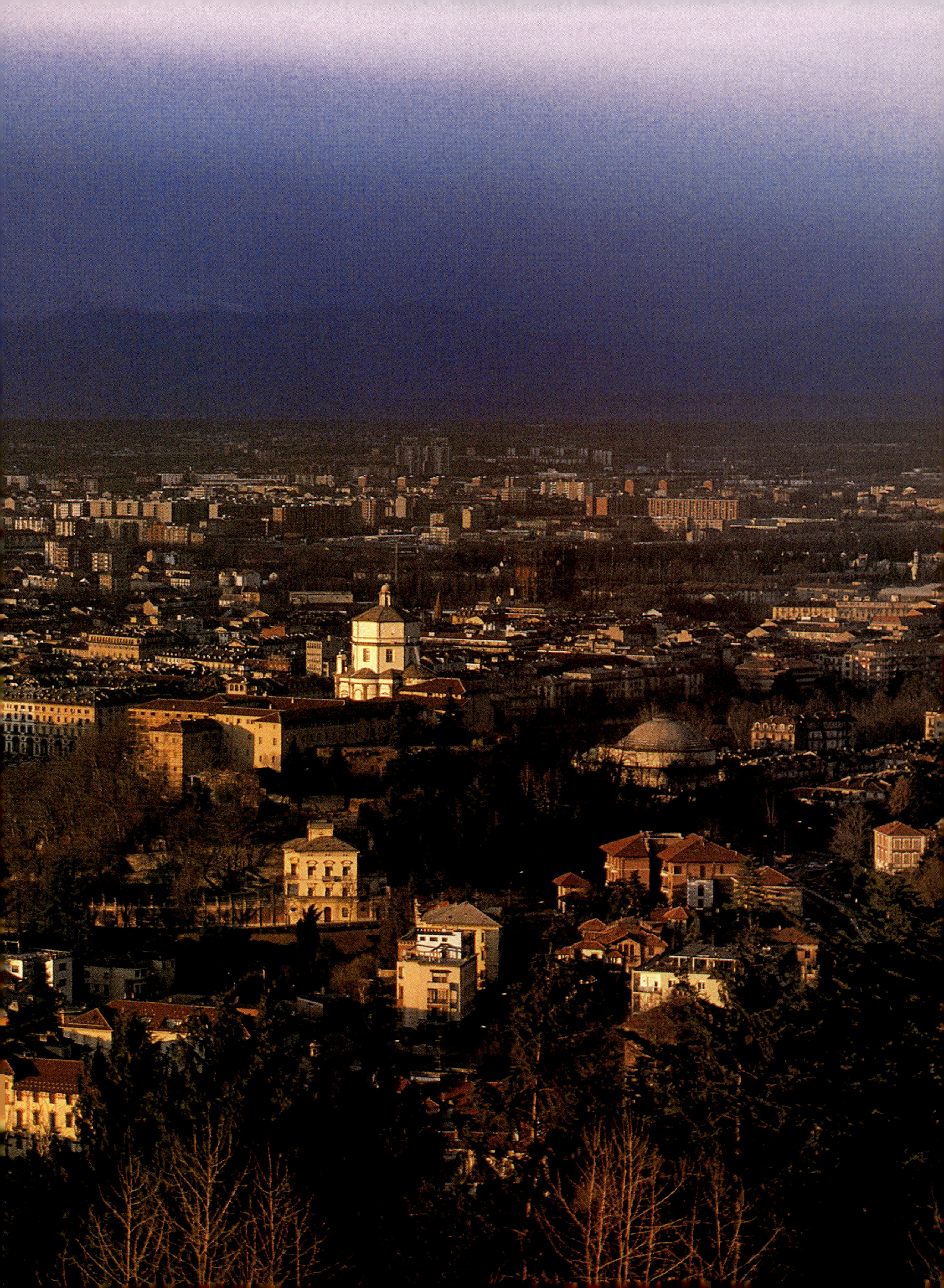

66–67 Eine Straßenbahn gleitet unter dem grünen Gewölbe der Platanen auf dem Corso Vittorio Emanuele dahin. Die Straße hieß früher Platanenallee. Sie durchquert die ganze Stadt, vom Po bis zum Corso Francia in Richtung Rivoli.

66 unten Im Café Baratti auf der Piazza Castello kann man die von Guido Gozzano beschriebenen „Naschkatzen" finden. Es ist ein eleganter Ort, der an ein früheres Turin erinnert; die Zeit scheint hier stillzustehen, festgehalten in den Decken, den Möbeln und in den exquisiten Süßigkeiten.

papier!"). Prinz Eugen von Savoyen, der Besieger der Türken, dessen Herz dort verwahrt wird, erinnerte an einen Wiener Spruch: „Gewisse Dinge soll man nicht einmal ignorieren, selbst das wäre zuviel." Der französische Architekt und Städteplaner konnte seinen ‚faux pas' einigermaßen wiedergutmachen, indem er die Harmonie zwischen Stadt und Natur erkannte und lobte als seltenes und gelungenes Beispiel einer „machine à habiter". „Vielleicht", bemerkte Marziano Bernardi, Kunsthistoriker und -kritiker und Verfasser eines ausgezeichneten Turinführers, „vielleicht war er sich nicht bewußt, daß er mit seinem Urteil den psychologischen Kern im Wesen der Turiner genau getroffen hatte, zumindest bei den wenigen noch Übriggebliebenen eines alten Stammes: eben die Verbundenheit zwischen einem angeborenen Bedürfnis nach Innigkeit und Sammlung, nach Ernst und Besonnenheit, und dem Gefühl der Geborgenheit, das ihnen die physische Beschaffenheit des Ortes vermittelt, an dem sie geboren und aufgewachsen sind."

Und wo lebt dieser „alte Stamm"? Wo schlägt das Herz der Vaterland-Stadt Turin? Vielleicht braucht man hier die Fähigkeit des Sehens eher als die des bloßen Schauens. Wie es Eugenio Montale nicht entgangen ist, ist hier „alles hinter Glas", diskret weggesteckt, ob das Eclairs oder Mumien, Barmherzigkeit oder Rachegefühle sind. Turin geht nicht zimperlich um mit denen, die nur aufs Äußerliche Wert legen. Es verwirrt und verspottet sie, und sie ziehen von dannen, ihr Gepäck voller Gemeinplätze und Falschmünzen, mit denen sie nichts anfangen können, kaum daß sie das Stadtgebiet verlassen haben. „Das zauberhafte Turin" scheut sich nicht, die bloßen Hinschauer aus der Fassung zu bringen, welche nur die von den Medien gepriesenen Ladenstraßen sehen. Wer aber wirklich zu sehen versteht wie Arpino, der zieht es vor, vom Hintergrund aus zu schauen: „Ich schätze mehr den erdverbundenen Zauber, scharf und herausfordernd in der ‚Mole', ungestüm und verdreht in den triumphierenden oder verwundeten Pferden, die die Plätze bevölkern (die Plätze, die De Chirico so bezauberten und durch ihn zum Protopyp einer modernen, bedingungslosen Vorstellung des Lebens wurden), duftend wie der Novembernebel, der feinste der Welt." Zu diesem Zauber gehören wohl das bunt bemalte Gewerbeschild eines Kräuterhändlers, die Kassettendecke einer Konditorei, die Goldblattverzierungen einer Apotheke, der ‚bicerin' (eine Mischung von Kaffee, Milch und

67 oben Die 710 m lange, überdachte Via Po, die zwischen dem 17. und dem 18. Jahrhundert gebaut wurde, verbindet die Piazza Castello mit der Piazza Vittorio Veneto. An der Straßenseite werden in Vitrinen die Waren ausgestellt, die in den gegenüberliegenden Geschäften verkauft werden. Alles ist hinter Glas, wie die Stadt selbst.

67 unten Die Laubengänge der Piazza San Carlo sind nur ein kleiner Teil von 17 km überdachten Straßen in Turin. Hier trifft man sich, geht spazieren, oder man besucht die Geschäfte und historischen Cafés wie das „San Carlo" im Hintergrund oder das „Torino" im Vordergrund.

Schokolade) und der Duft der Linden (wie Franco Antonicelli es in Verse faßte: „… Turin. Im blühenden Juni/vom Lindenduft benommen und sinnlich/den Erinnerungen fern/gibt sie sich hin, die Königin und Frau"). Flaubert fiel nichts anderes ein, als Turin „die langweiligste Stadt der Welt" zu nennen. Wieder einmal französisches Unverständnis für das kleine Paris. Dieser Mangel an Respekt bringt Turin dazu, über den Ärmelkanal zu blicken und seine Verwandtschaft mit England zu entdecken. Denn Turin ist vielleicht die letzte viktorianische Stadt Europas: Bis in die fünfziger Jahre trug man in der Straßenbahn Jacke, auch im Sommer. Marx dagegen hat Turin mit der Seinestadt in Verbindung gebracht, indem er über die ‚Ville Lumière' sagte: „Sie bewegt sich wenig, aber wenn sie sich bewegt, macht sie Geschichte."

So fanden und finden in Turin geschichtliche Ereignisse und Neuerungen statt: das Risorgimento und die italienische Einheit; die Auto- und Kinoindustrie, Radio und Fernsehen, Mode, Fußball, Süßigkeiten … Graf Cavour und Senator Agnelli, „der einsame Held des modernen Kapitalismus", wie Gobetti ihn nannte. De Amicis fand die Hütchen der Damen

68 „Vittorio Emanuele II. wurde hier geboren". Er war der erste König Italiens. Die Inschrift befindet sich auf der Fassade des Palazzo Carignano, einem Meisterwerk des Guarino Guarini aus dem 17. Jahrhundert. Der verhaltene, strenge Barockstil kommt in den letzten Sonnenstrahlen des Tages besonders zur Geltung.

zu auffallend, „zu laut", wie er sagte. Turin war aber bereits im 18. Jahrhundert die Hutmacherstadt schlechthin: „Oh vous là-haut à Turin, vous jouissez de la protection des Grâces. Le chic, voilà tout", begeisterte sich einmal eine gewisse Mademoiselle Marie Louise.

Hier ist die Heimat des Turiner Fußballclubs mit dem berühmten Kapitän Mazzola, der im legendären „Filadelfia" den großen Herrn spielt, der ‚gianduiotti' (Nußpralinen), der ‚marrons glacés' und der Törtchen – „Küppelchen mit einem Krater in der Mitte oder oben gefranste Miniturbane" – in den Worten Giovanni Arpinos.

Den Turinern ist das Tun lieber als das Reden; bei Piovene heißt es: „Die Turiner haben mehr Meinungen als Ideen", obwohl es daran nicht fehlt, man denke an Gramsci und Gobetti, Burzio und Bobbio, Kardinal Pellegrino und Franco Venturi. Nicht zufällig werden die lokalen Heiligen – von Don Bosco bis Cottolengo – die Gemeinnützigen genannt. Nicht zufällig perfektionierte hier Giovanni Vincenzo Cima, ein Meister der Stenographie, die Kunst des Zusammenfassens, des Kürzels, der Miniaturisierung. Die Fabrikarbeiter verstehen unter Meisterwerk die Handwerkerprüfung, die abgelegt werden

69 Die Vorderseite des Palazzo Madama trägt den Stempel Giovanni Barattas, der von Filippo Juvarra den Auftrag für die Skulpturen erhalten hatte. Die vier allegorischen Statuen mit den „nichtsehenden Augen" sowie die vierzehn Vasen wurden 1720 aus Rom hierhergebracht.

70–71 Porta Palazzo ist der beliebteste Markt und der größte Platz Turins (51 300 m²). Er wird zusätzlich von dem Mercato del Balon, dem Flohmarkt, belebt, wo man mit etwas Glück wertvolle Antiquitäten erstehen kann.

SUPERMERCATO
5°
ALIMENTARE
SUPERMERCATO
CITTÀ DI TORINO
ALIMENTARE
SUPERMERCATO
5°
ALIMENTARE

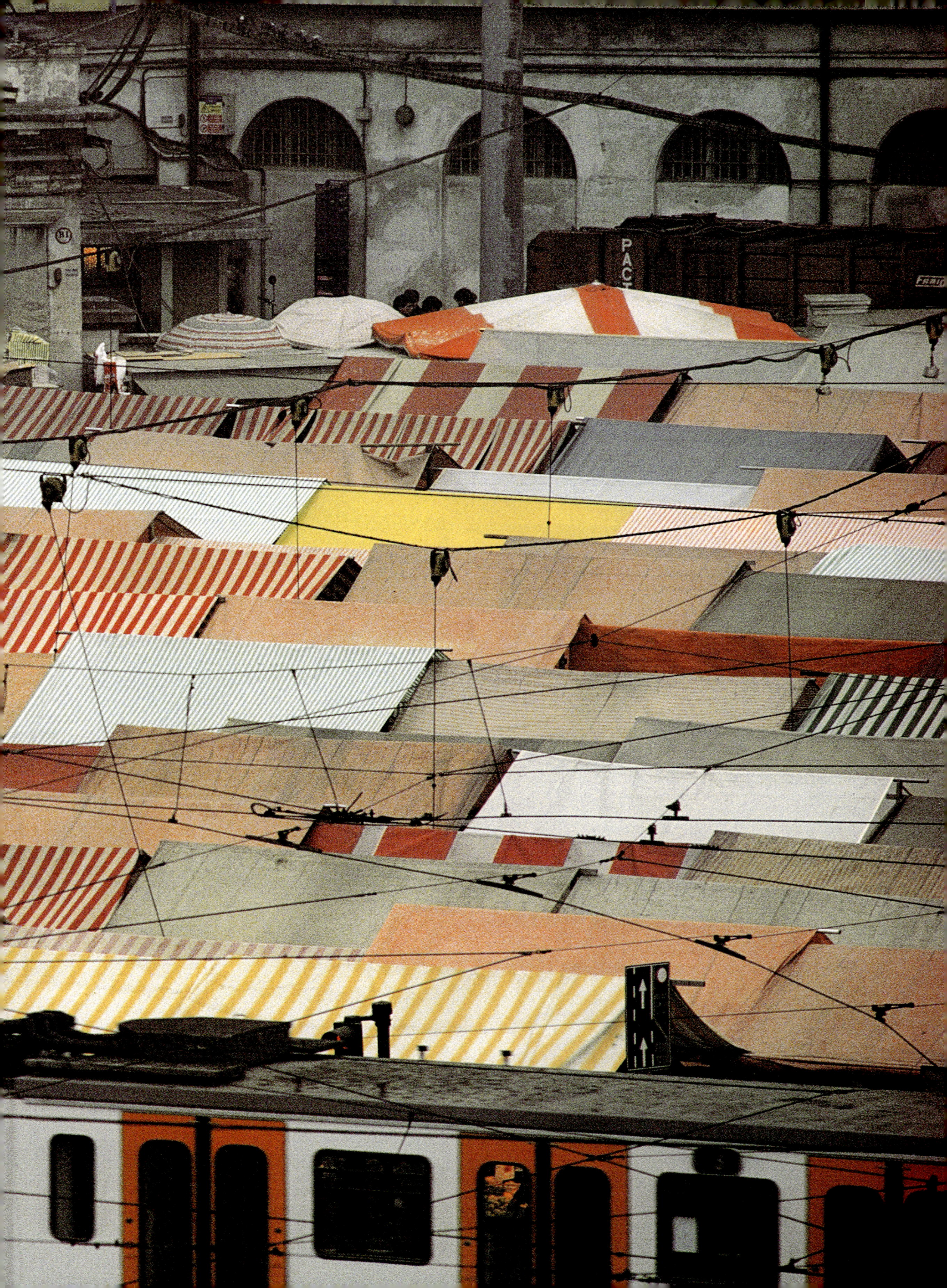
B1

mußte, um in einer Fabrik eingestellt zu werden; in der Welt der Metallindustrie gibt es einen ganz eigenen, phantasievollen Wortschatz: „barbiss baffo" – Schnurrbart – (der Rand, der am Stahlblech nahe dem Radbogen entsteht), „lenga 'd gat" – Katzenzunge – (eine runde Holzfeile), „gola 'd luv" – Wolfsrachen – (ein gegabeltes Werkzeug) …

Turin ist eine arbeitende, sich bewegende, sich bemühende und ab und zu mit sich selbst streitende Welt. Streit gab es zum Beispiel anläßlich der Errichtung der Mole Antonelliana („Ein alter, flaschenförmiger Wolkenkratzer", sagte Italo Cremona verächtlich) oder wegen des fast neunzig Meter hohen „Turms", der zwischen Piazza Castello und Via Viotti eingeklemmt steht, ein bis zum ‚Gehtnichtmehr' verspotteter Bau. Eine heftige Auseinandersetzung gab es wegen der „Diagonale", der Via Pietro Micca, die als bauliche Kaprice bezeichnet wird; sie hat – so Augusto Monti, ein berühmter Lehrer am D'Azeglio-Gymnasium – „um 1890 das Gepräge des alten Turiner Stadtkerns grundlegend geändert, indem von einer Öffnung im südlichen Teil des Castrum die sogenannte „Gran Via" gezogen wurde, die von Piazza Solferino direkt zur Piazza Castello führt, auf der einen Seite mit Arkaden, auf der anderen ohne; alle früheren rechten Winkel wurden zugunsten aller möglichen spitzen oder stumpfen Winkel vom Stadtplan Turins geschleift, und leider wurde auch das perfekte Quadrat der Piazza Castello an der Stelle beschädigt, wo die Via dei Guardinfanti (Barbaroux) in einem genauen Winkel mit der Via della Palma (Viotti) zusammentraf und wo heute die Mündung der Via Pietro Micca in alle Ewigkeit ungeniert gähnt". Aber Einigkeit herrscht wieder angesichts der insgesamt siebenundzwanzig Kilometer Laubengänge, einer nicht nur für Europa einmaligen Größenordnung: Piazza Statuto, ein Stück Via Garibaldi, Corso San Martino, Porta Susa, Via Cernaria (der italienische Name für den Fluß, wo die sardinisch-piemontesischen ‚bersaglieri' zusammen mit französischen Truppen während des Krimkrieges die Russen schlugen), Via Pietro Micca (der Held von 1706), die Palazzo Madama umgebende Piazza Castello, Via Po, an der die alte Universität liegt, Via Roma, das Marzipangebilde Piazza San Carlo, Piazza Carlo Felice (der König, der die Turiner nicht mochte: „Sie sind zu lebhaft und zu neugierig"), Corso Vittorio Emanuele II. (der sie sehr wohl mochte) und Corso Vinzaglio. Unter den Arkadenbögen, die mal nüchtern-kühl (wie die neue Via Roma, ein Überbleibsel der dreißiger Jahre), mal kokett sind, wird geflirtet, Punt e Mes getrunken, ein Meisterwerk vorbereitet (Benedetto Croce gestand einmal: „Viele meiner Arbeiten habe ich während meiner Spaziergänge unter den ordentlichen, fleißigen Leuten geistig ausgearbeitet"); man spielt seine Rolle „unaufrichtig höflich" (denn die Bewohner Turins sind sich bewußt, daß gute Manieren eine Höflichkeit verlangten, die nicht ganz aufrichtig sein kann).

Turin ist eine Stadt der Gegensätze, ein im 17. Jahrhundert entstandenes Rätsel. „Wer ein Bild der piemontesischen Hauptstadt zeichnen will, muß vom 17. Jahrhundert ausgehen, dem Jahrhundert Decartes', und den Geist der wissenschaftlichen Vernunft sowie des militärtechnischen und politischen Realismus mit einbeziehen, der so in ihrer Natur verankert ist trotz des tief verwurzelten Katholizismus", schrieb der Architekt Augusto Cavallari Murat. So kommt es, daß das Prinzip der Geometrie, der Hierarchie und der Einheitlichkeit das Exzentrische, Anarchische, Verrückte, Ausreißerische, die Poesie, ja die übertriebene Sentimentalität erst ermöglicht.

72–73 Die Gärten bilden eine natürliche Verlängerung des Palazzo Reale. Sie wurden im 17. Jahrhundert nach Plänen des Architekten André le Nôtre angelegt. Dieses abgesonderte, vornehme Paradies liegt mitten in der Stadt. Die Statuen und die Springbrunnen sind Werke von Antonio Casella, Francesco Ladatto, Pietro Mari, Isacco Mattei, Simone Martinez, Mattia Solari und Bernardino Quadri. In den Sommermonaten werden im Garten Konzerte, Tanzaufführungen und volkstümliche Programme veranstaltet.

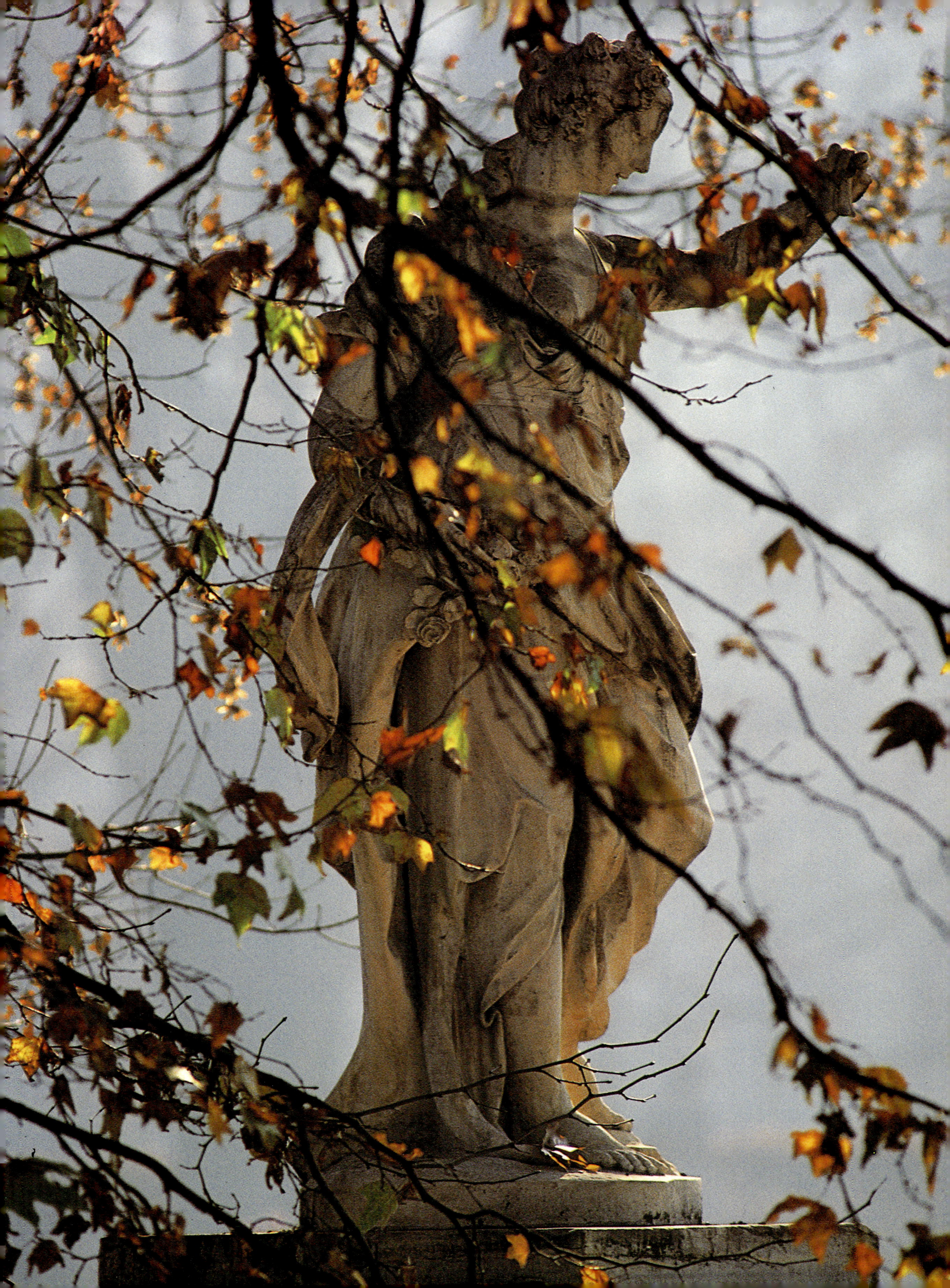

74 oben Die Häuser in der Via San Massimo blicken mißbilligend auf die Autoschlangen, die sich in Richtung Via Po quälen.

74 unten Im Vordergrund eine der zwei Reiterstatuen vor dem Palazzo Reale. Sie stellen die Dioscuri dar. Sie wurden von Abbondio Sangiorno geschaffen und 1846 aufgestellt.

74–75 Der Winter kann in Turin sehr kalt sein. Der Blick über die verschneiten Dächer hat einen besonderen Reiz.

Kontraste gibt es überall. Dem nie rastenden Fließband steht Gozzanos regungslose Reihe „guter Dinge schlechten Geschmacks" gegenüber. Dem Institut „Galileo Ferraris" gegenüber, wo die genaue Zeit festgelegt wird, liegt der Park, wo Gustavo Rol, bekannt für seine übernatürlichen Fähigkeiten, den Freund Fellini in Erstaunen versetzte, indem er per „Fernkontrolle" eine Fliege tötete, die das Kind im Kinderwagen belästigte. Es gibt den Traum, und es gibt die Ironie, die ihn harmlos macht („Traum und Ironie" ist der Titel einer Gedichtsammlung von Carlo Chiaro). Es gibt die Barmherzigkeit – das Krankenhaus „Piccola Casa della Divina Provvidenza" ist ihr konkreter Ausdruck – neben jesuitischer und jansenistischer Härte des Urteils. Dem beharrlichen Engagement eines Alfieri für die Belange des Volkes, das auch im Wagemut Emanuele Filibertos (der „Eisenkopf" auf dem bronzenen Pferd) zum Ausdruck kommt, steht die Vorsicht Giandujas gegenüber, einer Figur der ‚commedia dell'arte', die sich vor „zu weiten Horizonten" fürchtet. Und es gibt die klaren Drucktypen Alberto Tallones, der ein Schüler von Darantière war, neben den unentschlüsselbaren Hieroglyphen im Ägyptischen Museum.

Die für Turin typische Farbe ist indischgelb, der typische Baum ist die Platane (um die siebzehntausend gibt es davon) mit der gefleckten Rinde, dem kräftigen Stamm und dem großblättrigen, dichten Laub. Für Gozzano ist die schönste Tageszeit die Dämmerung („Wie einen alten bayerischen Stich/sehe ich in der Abendröte den piemontesischen Himmel …/Vom Palazzo Madama bis zum Valentino/leuchten die Alpen zwischen den feurigen Wolken …/dies ist die uralte Turiner Stunde/die wahre Stunde Turins …"). Die Jahreszeit – schloß gleich De Chirico an – ist der Herbst. (Pavese jedoch lobte den „schönen Sommer" und Arpino die frostigen Winter „mit ihren kalten Sonnenstrahlen, die wie Messer an die Fenster kratzen"). Denn „der Herbst ist die Jahreszeit, die am besten den gespenstischen Charme Turins enthüllt; er hat aber nichts Romantisches an sich: der Himmel wolkenverhangen, tote Blätter, abflugbereite Schwalben. Aber eine große Klarheit, eine große Reinheit durchzieht ihn. Er vermittelt Gefühle, die der Freude eines Genesenden nach einer langen, schweren Krankheit ähneln."

Auch Mattia Pascal in Pirandellos gleichnamigem Roman erinnert sich an „einen Sonnenuntergang in Turin während der ersten Jahre dieses meines neuen Lebens, am Ufer des Po in

75 unten Der Po, wenn seine Ufer einen Schleier von Schnee tragen, wirkt märchenhaft und scheint Überraschungen zu bergen.

der Nähe der Brücke, wo ein Wehr die Wucht der tosenden Wassermassen zurückhält; die Luft war wundersam durchsichtig; die im Schatten liegenden Häuser schienen mit dieser Klarheit übergosssen: Und ich, wie ich dastand und schaute, fühlte mich so trunken an meiner Freiheit, daß ich fast fürchtete, daran verrückt zu werden, mich nicht mehr lange beherrschen zu können." Nicht weit von dieser Brücke wohnte der Literaturkritiker Giacomo Debenedetti. Sein Sohn Antonio erzählt folgende Anekdote: Eines Abends bekamen er und seine Frau Besuch von Luigi Pirandello und der Schauspielerin Marta Abba; anwesend waren noch Felice und Daphne Casorati. Aber irgend etwas ging schief, wegen eines Mißverständnisses verließen Marta Abba und Pirandello frühzeitig das Haus. Im Flur lag noch „umsonst für eine Widmung aufgeschlagen" ein Exemplar von „Mattia Pascal".

Turin ist eine Stadt mit regem Theaterleben (in Gualinos „Teatro" fanden zwischen 1925 und 1930 die ersten Aufführungen der Schauspieltruppen von Copeau, Pitoeff und Tairov sowie der Ballettgruppen von Diaghilev, Laban und Mary Wigman statt); Pirandello, der Nobelpreisgewinner und Autor von „Sechs Personen

76 Der Palazzo Madama, das Teatro Regio und die Laubengänge erhalten von den Laternen auf der Piazza Castello eine interessante Beleuchtung. Dahinter ragt die Mole Antonelliana herauf, und ganz hinten, in den Hügeln, die Basilica di Superga.

77 Die Kuppel der Kirche San Lorenzo strahlt im Abendlicht wie ein Leuchtturm. Guarino Guarinis Werk glüht sanft und bedächtig, wie um dunkle Ängste zu verjagen.

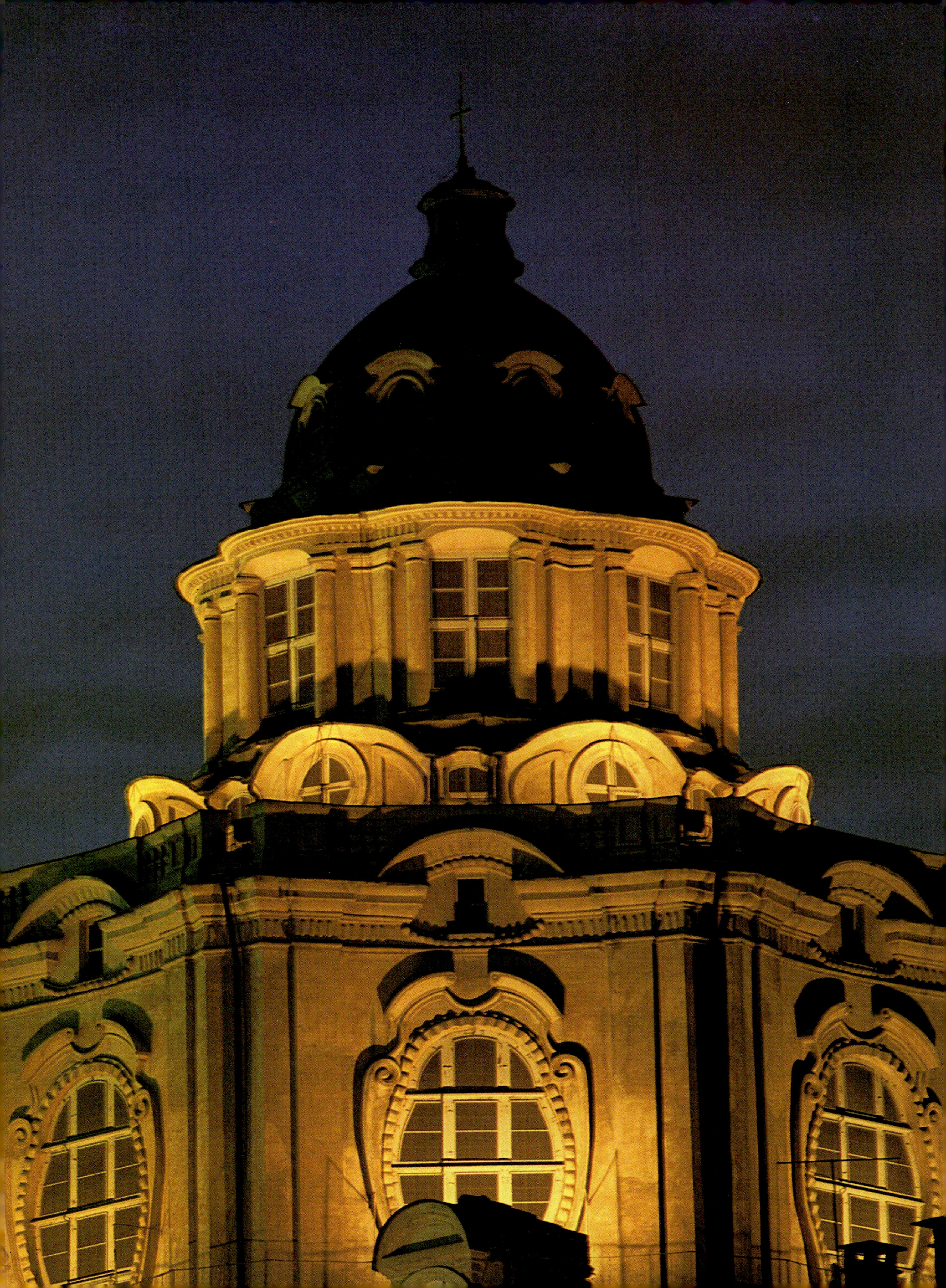

78 oben Die Mole Antonelliana und der Monte Rosa sind einmal eine menschliche und einmal eine natürliche Kühnheit, die sich gegenseitig zu respektieren scheinen. Sie demonstrieren Kraft, Leichtigkeit und Erhabenheit, jedoch ohne Angeberei – wie die Piemontesen auch.

78 unten Die Basilica di Superga wurde von Filippo Juvarra geplant und gebaut, nachdem Vittorio Amedeo II. während der französischen Belagerung von 1706 ein Gelübde abgelegt hatte.

suchen einen Autor", wartete zitternd auf die Reaktion des Turiner Publikums; wie auch der Neapolitaner Autor und Schauspieler Eduardo de Filippo sich dem Ruf der Stadt nicht entziehen konnte. De Filippo wurde einmal gefragt, ob es wirklich keine Rollen in seiner Truppe gebe; die Antwort kam umgehend: „Nein, nur Menschentypen." So auch in Turin. Guido Ceronetti bemerkte: „Ein besonderes Merkmal, das gar nicht so zur Schau getragen, sondern eher nicht beachtet wird, ist, daß in ihren Mauern eine Ansammlung von Sonderlingen lebt, wie sonst nirgendwo in Italien. Man muß die Stadt loben, daß sie, nachdem sie sie hervorgebracht und großgezogen hat, sie dann gewähren läßt mit ihren harmlosen Schrullen, zu denen auch das Denken gehört." Die Turiner sind immer am Denken, ihre Gedanken sind jedoch nie belanglos, angesichts des „natürlichen" Pflichtgefühls, sondern eher ein bißchen boshaft, wie Stendhal meinte: Sie haben „ein absolutes Mißtrauen gegenüber Menschen und Dingen".

Die Gefühle in der befestigten Hauptstadt Piemonts werden nicht gerne offengelegt; „lieben" ist ein Wort, das nie beliebt gewesen ist; es ist übertrieben, wirkt unglaubhaft. Hier herrscht Zurückhaltung, man pflegt die Einsamkeit, Ilusionen erlöschen schnell. Der Turiner ist wie ein Kind vergangener Zeiten, das mit einem Stein, einem Stück Holz oder einer Glasscherbe spielt. Man weiß aber um den Unterschied zwischen guten und schlechten Steinen, Holzstücken und Glasscherben; nicht alle Kuppeln sind von Guarini, nicht alle Holzarbeiten von Pifetti, und nicht alle Bauwerke zeigen die gleiche frische Schönheit wie die von Vater und Sohn Castellamonte.

79 Der Monte dei Cappucini bildet eine „Aussichtsterrasse", von der aus man die ganze Stadt überblicken kann. Einmal stand hier die Festung „Bastita". 1583 wurde sie von Carlo Emanuele gekauft und den Kapuzinermönchen übergeben. Diese errichteten an dieser Stelle die Kirche Santa Maria del Monte nach Plänen von Ascanio Vitozzi.

80–81 'L Caval d'Brôns, das Denkmal Emanuele Filibertos, dreht dem Bahnhof Porta Nuova den Rücken zu, um von der Piazza San Carlo aus Richtung Via Roma zu galoppieren. Es herrscht Feststimmung, für ein paar Tage vergißt Turin seine übliche Nachdenklichkeit.

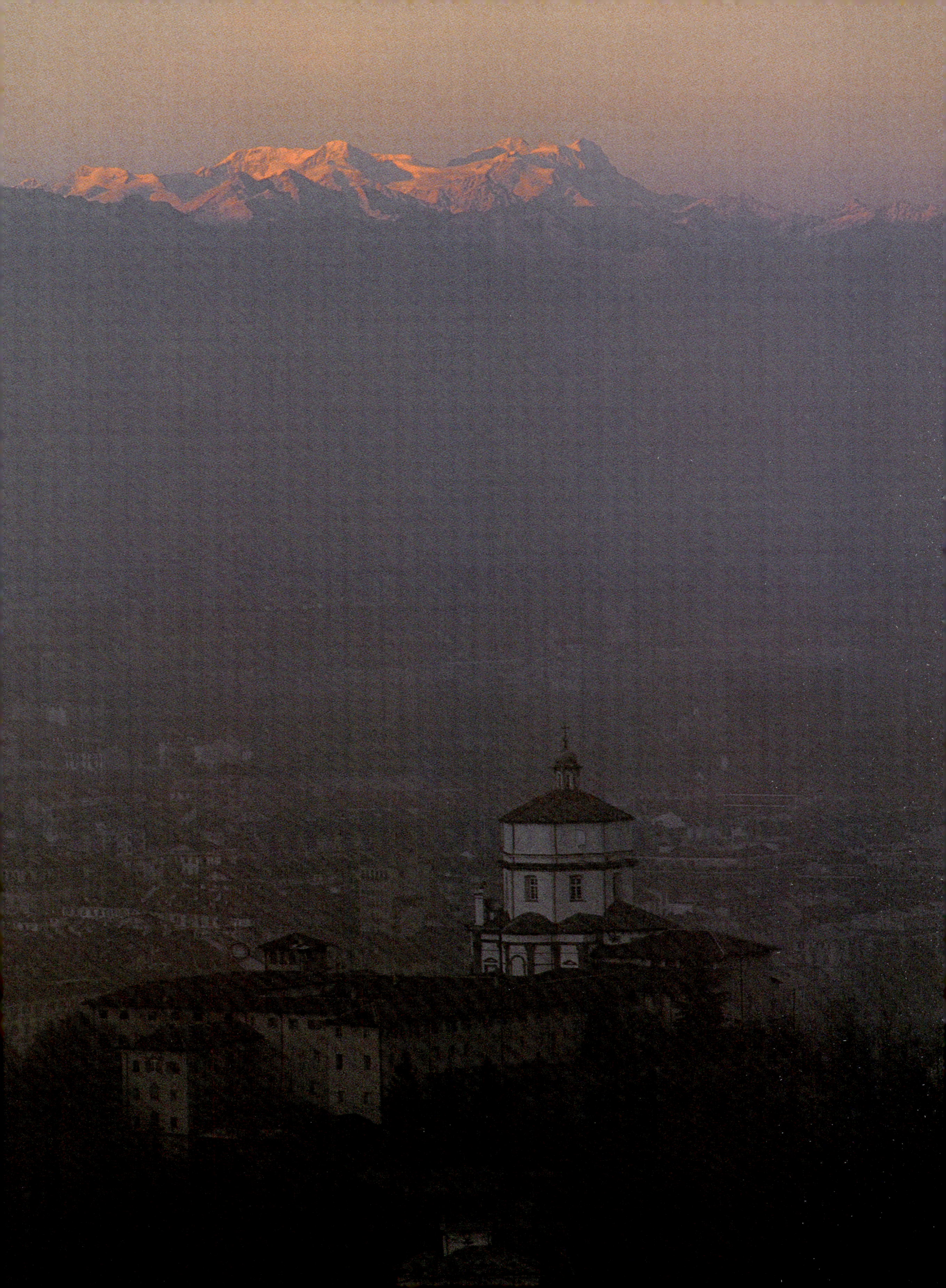

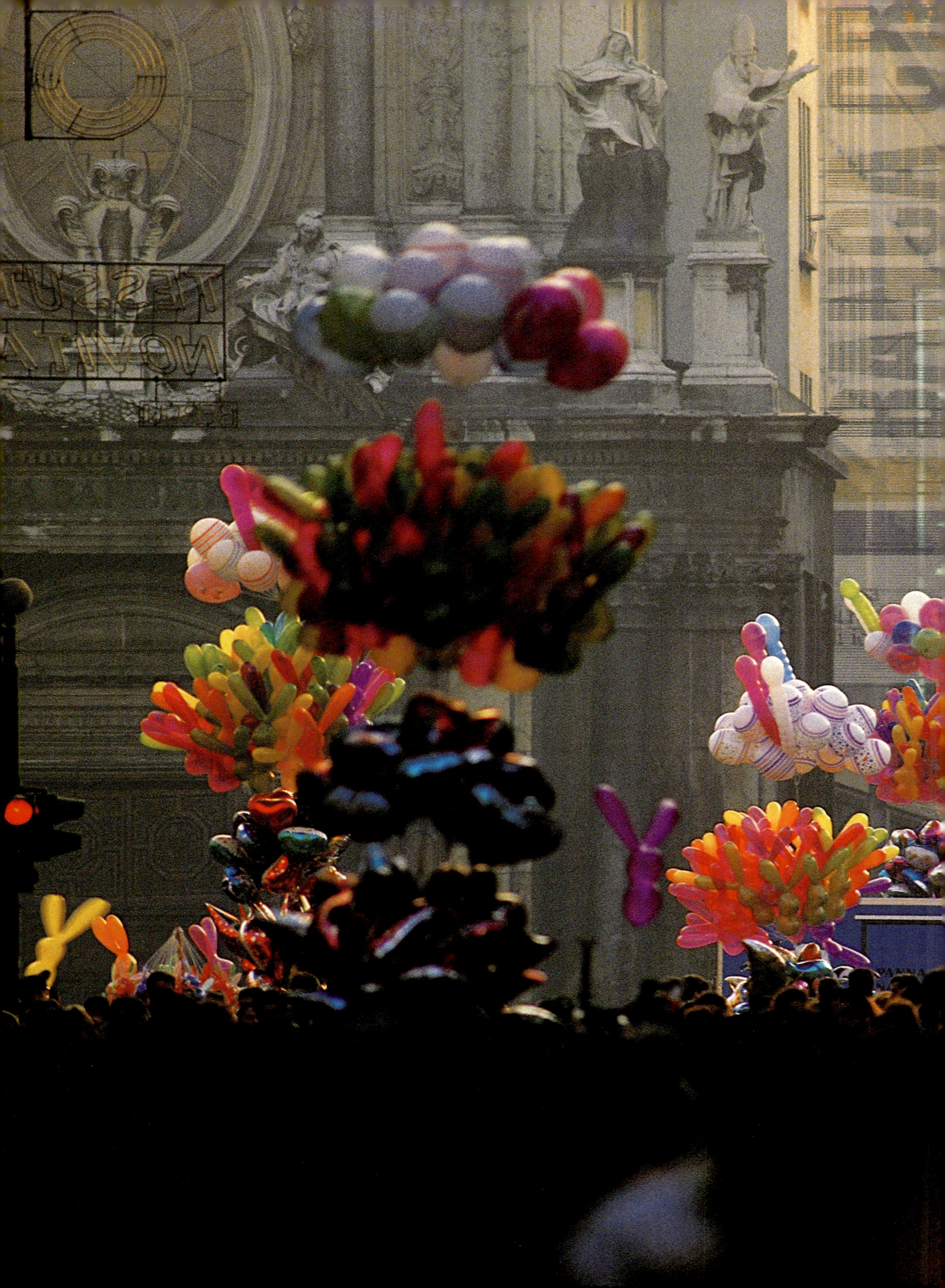

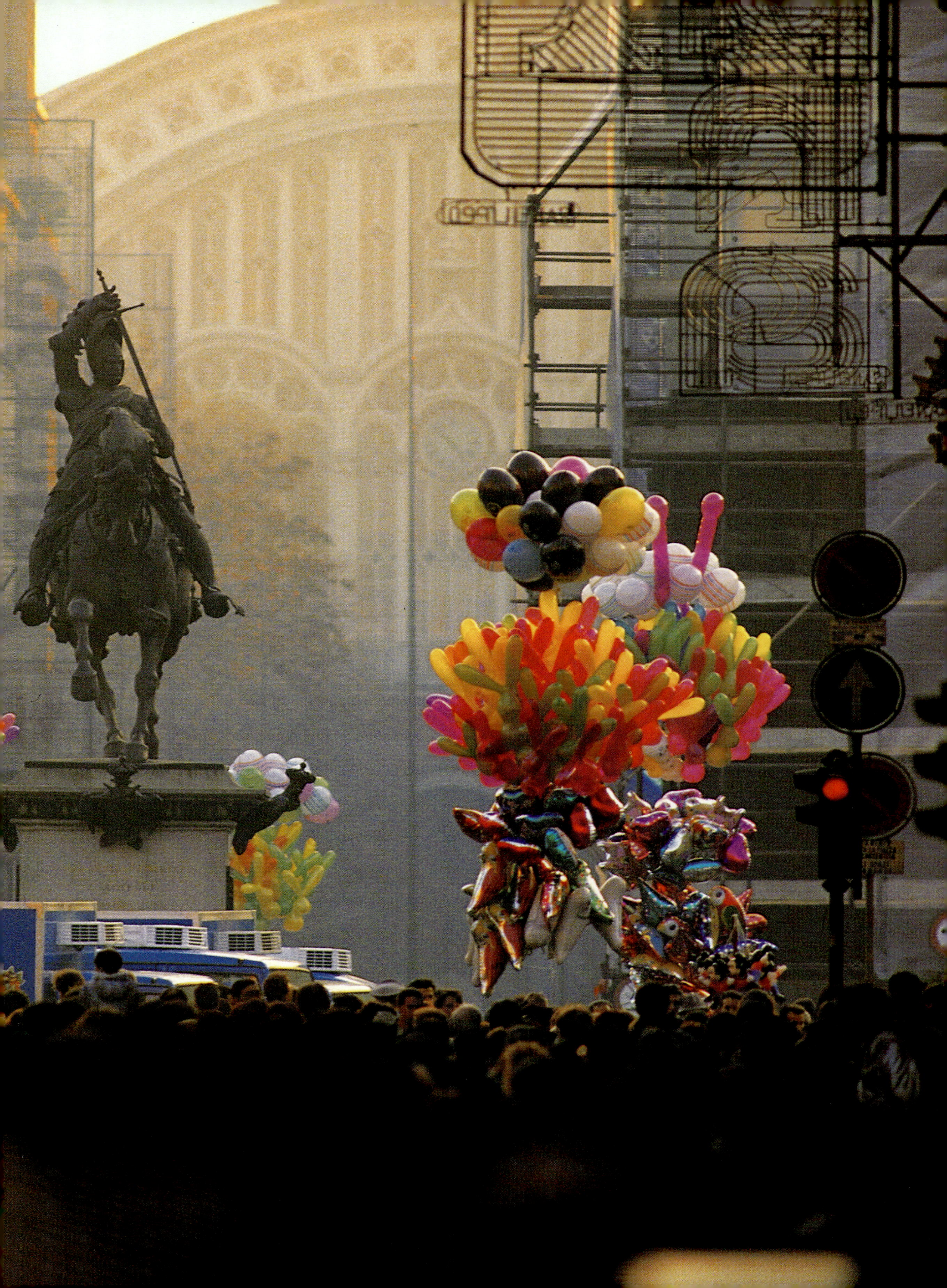

82 oben Die Fassade des Palazzo Reale, deren Bau 1646 nach den Entwürfen von Amedeo di Castellamonte begonnen wurde, ist ein Meisterwerk barocker Harmonie. Im Hintergrund erheben sich die Kuppel von Guarinis Cappella della SS. Sindone und der Glockenturm von San Giovanni (im 15. Jahrhundert von Filippo Juvarra errichtet).

82 Mitte Madama Felicitas' Prunksaal im Erdgeschoß des Palazzo Reale wurde 1688 mit einer prachtvollen, von Daniele Seyler bemalten Decke ausgestattet.

82 unten Der Ballsaal des Palazzo Reale wurde zwischen 1835 und 1842 nach Entwürfen von Pelagio Pelagi ausgeschmückt. An den Wänden des riesigen Raums stehen weiße Marmorsäulen mit korinthischen Kapitellen. Die Darstellungen von Tänzerinnen (im Empirestil) wurden von Bellosio und Gonin ausgeführt.

82–83 Der Palazzo Reale ist nicht nur eines der markantesten Gebäude Turins, er birgt hinter einem strengen, fast kahlen Äußeren eine Reihe von eleganten, reich ausgestatteten und bemalten Räumen. Das Photo zeigt das Speisezimmer, dessen prachtvoller Fußboden, eine Arbeit Carlo Giovanni Tamiettis, 1742 gefertigt wurde.

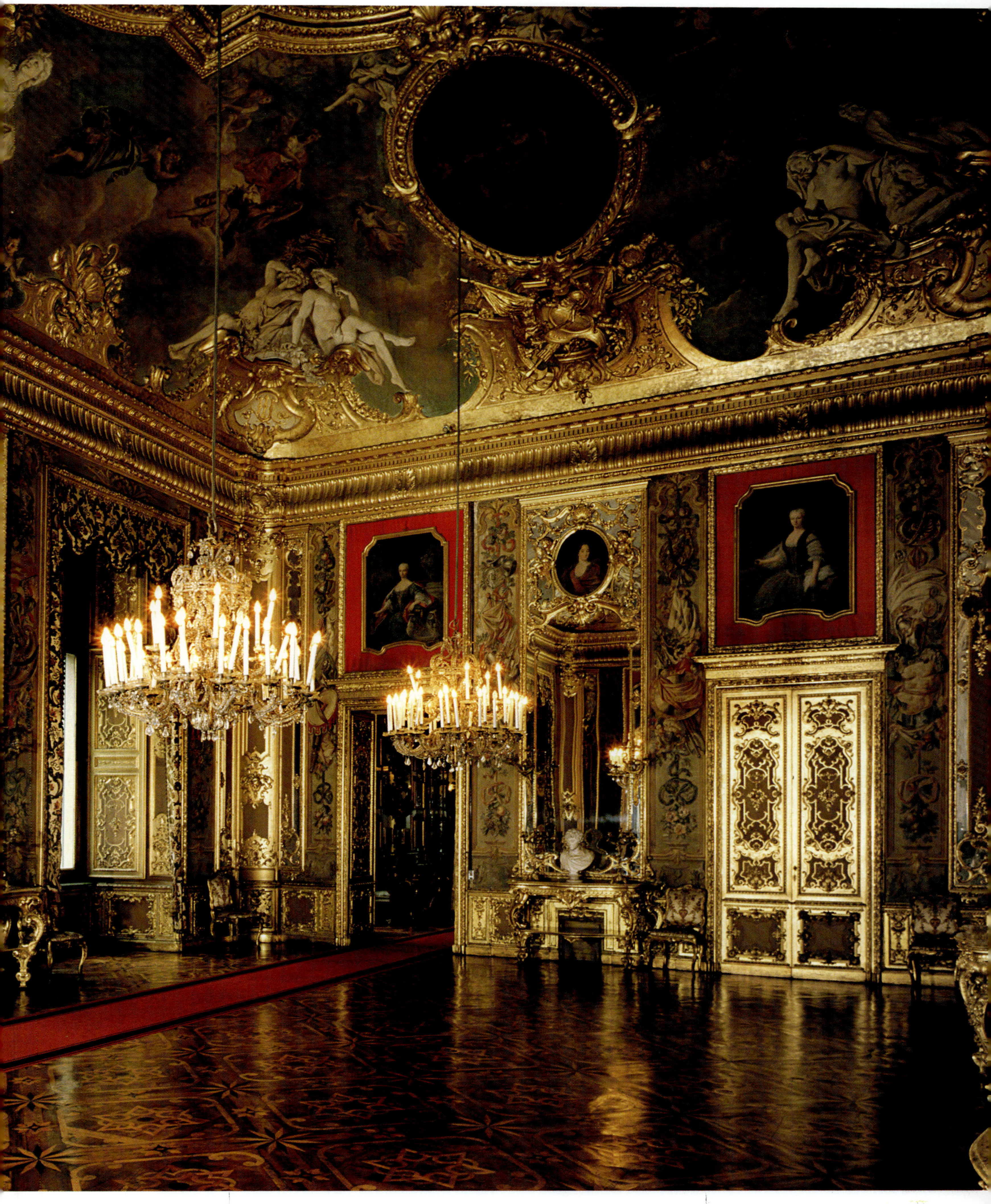

84 oben links Die Schnitzereien, die das Miniaturenkabinett im Palazzo Reale schmücken, wurden um 1740 ausgeführt, wahrscheinlich nach Entwürfen von Benedetto Alfieri.

84 oben rechts Der Thronsaal befindet sich im ältesten Teil des Palastes. Die Decke entwarf der Militäringenieur und Architekt Carlo Morello um 1660–1662.

84 unten Der Empfangsraum der Königin oder Sala dell'Alcova (Alkovenraum) ist vielleicht der am reichsten ausgeschmückte Raum des Palastes. Er wurde zwischen 1662 und 1663 von Morello gestaltet, während die Schnitzarbeiten von Quirico Castelli stammen.

85 Der Ratssaal ist nur einer der prachtvollen Räume im ersten Stock des Palastes. Er wurde 1836 von Pelagio Pelagi grundlegend renoviert. Die Decke wurde von Pietro Botto und Francesco Borello geschnitzt. An den Wänden die Porträts von neun Mitgliedern des savoyischen Königshauses, die im Geruch der Heiligkeit stehen.

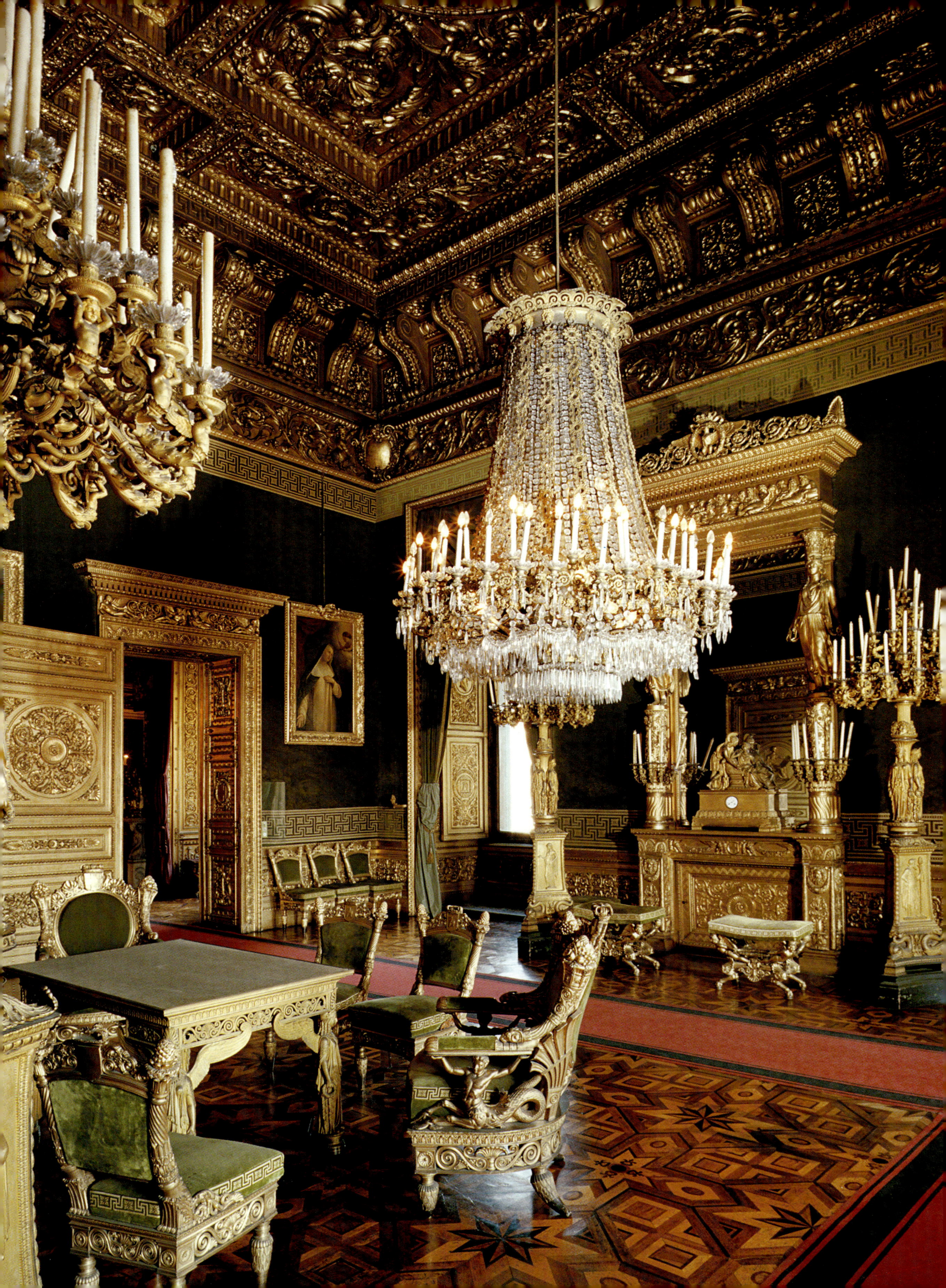

86 oben Sturmhauben mit Sehschlitz befinden sich unter den Schätzen der königlichen Rüstkammer, die 1833 von Carlo Alberto eingerichtet wurde. Dieses Museum, das einen Teil des Palazzo Reale einnimmt, gilt neben dem Museum in Madrid als das zweitgrößte Europas.

86 Mitte Die Rüstung Emanuele Filibertos wird in der königlichen Rüstkammer in Turin aufbewahrt. Die Räume wurden von Benedetto Alfieri entworfen und mit Fresken von Claudio Francesco Beaumont ausgeschmückt.

86 unten Diese reichverzierte Kanone ist eines der Ausstellungsstücke im Museo Nazionale di Artiglieria, das im Turm der Zitadelle untergebracht ist. Feuerwaffen aus mehreren Jahrhunderten sind hier ausgestellt.

87 oben Die Statue des Pharao Thotmes III. mit einer Schriftrolle erinnert an die Zivilisation am Nil, von der viele Beispiele im Ägyptischen Museum zu sehen sind, unter anderem Statuen von Ramses II., von der Prinzessin Herschef und der „Gehenden Dame".

87 unten Die Toten stehen vor Osiris im „Buch der Toten", das Hinweise auf den Totenkult im alten Ägypten gibt. Es wird gleichfalls im Ägyptischen Museum Turin verwahrt, dem zweitgrößten nach Kairo. Das Museum befindet sich im Palazzo dell'Accademia delle Scienze.

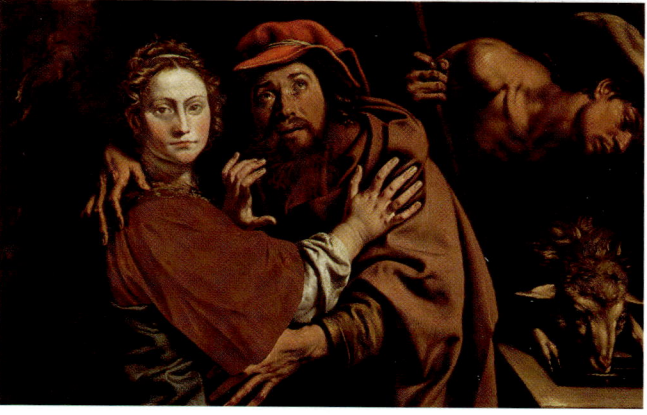

88 oben Gaudenzio Ferrari (ca. 1475–1546) malte diese „Kreuzigung". Er und andere Meister wie Martino Spanzotti, Macrino d'Alba und Giovenone vertreten in der Galleria Sabauda die Kunst Piemonts im 15. und 16. Jahrhundert.

88 unten „Jakob und Rebekka" ist ein Werk von Antonio D'Enrico, auch Tanzio genannt (1580–1635); es hängt in der Galleria Sabauda. Tanzio und sein Bruder Giovanni waren maßgeblich an der Gestaltung des Sacro Monte von Varallo beteiligt.

89 oben links Dieses
„Porträt eines unbekannten
Mannes" von Antonello da
Messina, 1476 gemalt,
befindet sich seit 1835 im
Museo Civico in Turin;
früher war es Teil der
Sammlung Trivulzio in
Mailand.

89 unten links „Carlo II. von
Savoyen", ein Werk von Jean
Clouet (ca. 1486–1541), in
der Galleria Sabauda. Es
gehört zu einer Reihe von
Porträts der Savoyer, die von
Jean und Francois Clouet
gemalt wurden.

89 rechts Diese wunder-
schöne „Venus" stammt aus
der gleichen Epoche wie die
„Geburt der Venus", die in
den Uffizien in Florenz zu
sehen ist. Das Bild ist um
1482 entstanden und wird
Botticelli oder seiner
Werkstatt zugeschrieben.

90 oben Das Bild von „Carlo Emanuele III." von Maria Giovanna Clementi, in der Galleria Sabauda. Er regierte von 1730–1773 und führte eine Staatsform ein, die vom französischen Absolutismus inspiriert war. Sein Ziel war es, Piemont als größere Einheit umzugestalten, und das Territorium wurde bis zu den Flüssen Ticino und Trebbia erweitert.

90 unten links „Emanuele Filiberto, Herzog von Savoyen" (Eisenkopf) in einem Porträt von Giacomo Vighi, oder „l'Argenta", in der Galleria Sabauda. Der Herzog wurde durch seinen Sieg in der Schlacht von San Quintino 1557 berühmt; er machte Turin zur Hauptstadt des wiederhergestellten savoyischen Staates.

90 unten rechts „Prinz Tommaso von Savoyen-Carignano" von Anton van Dyck, in der Galleria Sabauda. Der Prinz war zusammen mit der Regentin Christine und dem Kardinal Maurizio Teilnehmer am Bürgerkrieg, der 1642 in Turin nach dem Tod Vittorio Amedeos I. ausgebrochen war.

90–91 Das Gemälde erinnert an das Turnier, das zur Feier der Hochzeit Vittorio Amedeos mit Christine von Frankreich auf den Plätzen Turins ausgetragen wurde. Am 15. März 1620 hielt das Brautpaar vom Castello del Valentino aus feierlichen Einzug in die Stadt.

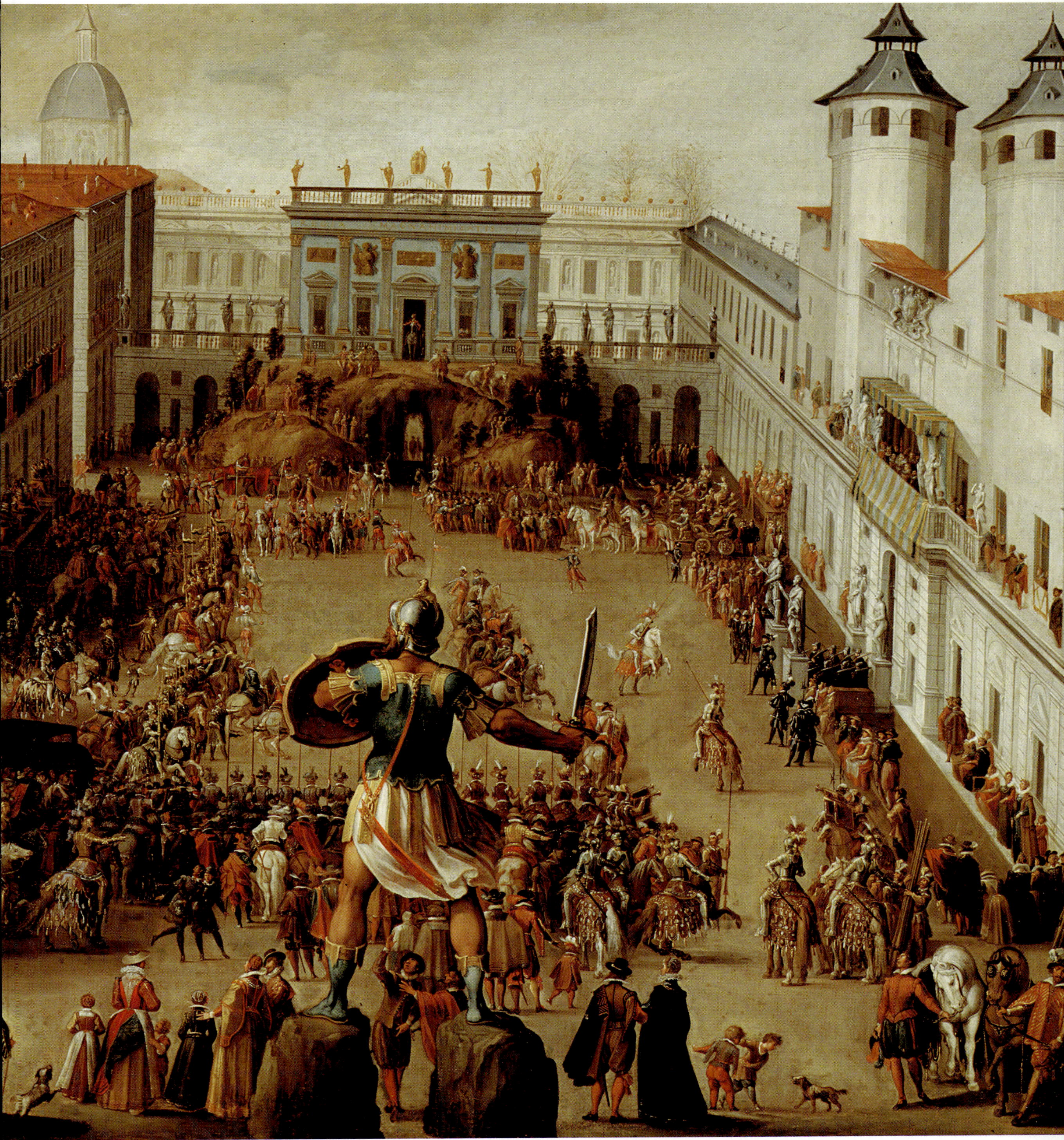

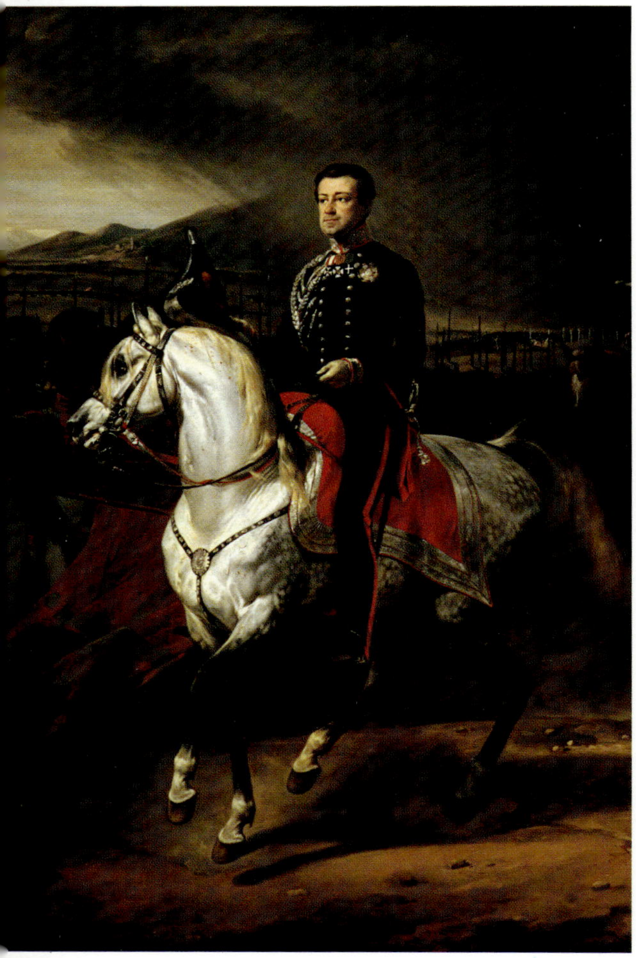

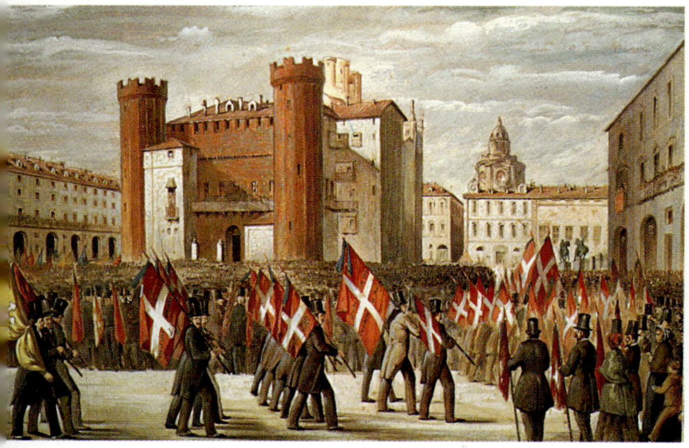

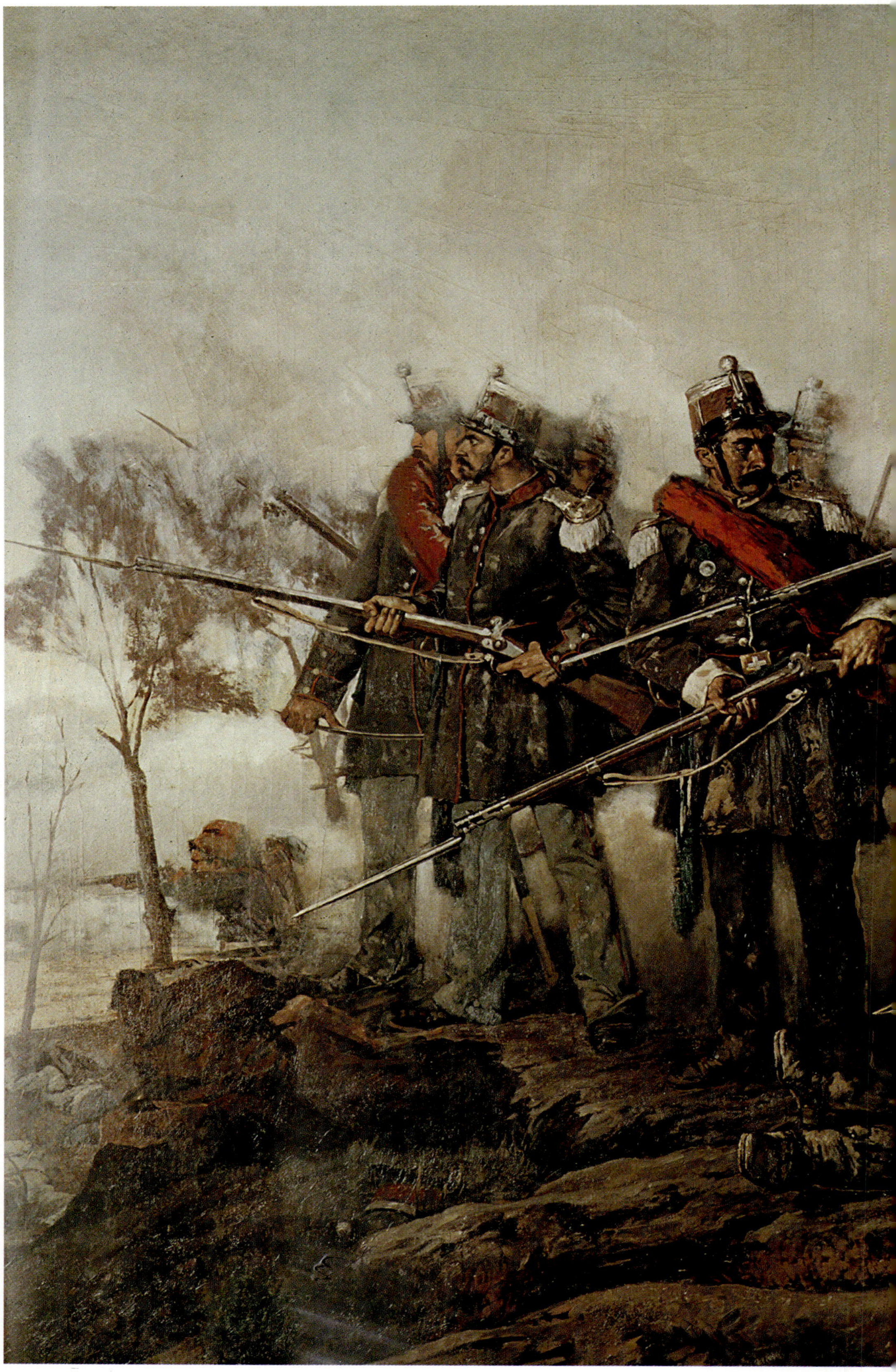

92 oben "Porträt Carlo Albertos, des Königs von Sardinien", von Horace Vernet, in der Galleria Sabauda. Carlo Alberto bestieg 1831 den Thron und gab dem Volk 1848 eine Verfassung. Er war König während des Risorgimento. Nach der Schlacht von Goito wurde er zum König Italiens ausgerufen; er dankte nach der Niederlage bei Novara ab und starb 1849 in Portugal.

92 unten Das Gemälde "Aufmarsch der Truppen vor Carlo Alberto" hängt im Palazzo Carignano. Die Parade findet auf der Piazza Castello statt. Im Hintergrund, hinter dem Palazzo Madama, sieht man die Kuppel von San Lorenzo.

92–93 Die vernichtende "Schlacht von Novara" von Ferrari, im Palazzo Carignano. Der 1798 im Palazzo Carignano geborene König dankte nach der Niederlage von Bicocca ab.

94 oben Nicht weit von der Piazza Duomo in Biella steht der schöne Glockenturm der früheren Kirche Santo Stefano aus dem 13. Jahrhundert. Der Glockenturm ist 53 m hoch.

94–95 Vercelli von oben gesehen. Die Stadt liegt in der Ebene, rechts des Flusses Sesia. Der Landwirtschafts- und Industrieort besitzt viele Bauten, die zwischen Mittelalter und dem 18. Jahrhundert entstanden sind.

Reise in die Provinzen

Vercelli hatte einmal eine weißgekleidete professionelle Fußballmannschaft, die sieben Meisterschaften gewann mit ihrem Stürmer Silvio Piola, einem der größten Spieler des italienischen Fußballs. Die Welt, die um Turin kreist, ist sehr wohl imstande, ihre Identität zu behaupten und zu demonstrieren. Ist also die Stadt der „Mole" das Herz von Piemont oder nur eines, wenn auch das größte, von mehreren? Außerhalb der engen Grenzen fühlt man sich durchaus nicht als Satellit, als kleinerer Bruder oder geographischer Vorposten.

Die Städte Vercelli, Asti, Alessandria, Novara, Verbania und Cuneo sind jede für sich ein Hauptort unter eigenem Banner, mit eigener Identität und einer Geschichte, die sich aus den Jahrhunderten nährt und zum Prüfstein und Lebensmuster wird. Man setzt als Piemontese seinen Stolz daran, eingeständig zu handeln, als Gebieter und nicht als Untertan. Typisch ist der Spruch eines Bauers, der über den Ticinofluß setzte: „Ich gehe jetzt nach Italien." Und in einem Film mit Jean Gabin antwortet ein Boxer auf die Frage nach seiner Nationalität sofort: „Piemontese".

Guglielmo Albert, ein Kritiker mit ähnlichen Ansichten wie Gozzano, sagt: „Vercelli mag eine Kleinstadt sein, die scheinbar wie das Hochwasser schlummert, das sich im Frühling um sie herum ausbreitet; aber von ihren Gebäuden, ihren Kirchen mit den kurioserweise meist achteckigen Türmen und von ihren Kunstschätzen bekommt sie eine Lebendigkeit verliehen, die voll ist von den Echos einer mehr oder weniger fernen Vergangenheit." Typisch für Vercelli sind die Alleen, deren Bäume „die Arme nach oben streckten in einem Gewirr von Knospen und Trieben, fast wie in einem Kirchengewölbe", wie Virginia Galante Garrone über die ihr liebgewordene Stadt schrieb. Wie Vercelli muß sich auch Novara dem Reiz der Lombardei verwehren. Hier, wo die Kuppel der San Gaudenzio-Kirche emporragt, ist der Ort, an dem sich alle Welt trifft und wo mit den Sprachatlanten von De Agostino eine seltene Höhe der

95 oben Der 1423 gebaute Glockenturm von San Francesco ist ein großartiges Beispiel gotischer Architektur in Vercelli.

95 Mitte Die zwischen 1219 und 1227 erbaute Basilica di Sant'Andrea in Vercelli ist eines der ersten Bauwerke Italiens, das gotische Züge aufweist. Hier sind sie sehr harmonisch mit den romanischen Elementen verbunden.

95 unten Die Kirche San Sebastiano in Biella hat drei Kirchenschiffe. Das Mittelschiff wird von einem Tonnengewölbe abgeschlossen, die Seitenschiffe dagegen haben Kreuzgewölbe. In der 1502 gegründeten Kirche befindet sich ein Meisterwerk Bernardino Laninos, die „Himmelfahrt der Jungfrau".

Perfektion erreicht wird. Aber ein Adjektiv behauptet sich hartnäckig trotz der vielen vergangenen Jahre: das Wort „fatal", das mit der Schlacht von Bicocca (1849) verbunden ist, in der die Piemontesen gegen die Österreicher eine Niederlage erlitten, die das Ende des ersten Unabhängigkeitskriegs und die Abdankung Carlo Albertos bedeutete.

Nicht weit von Novara liegt am Lago Maggiore Verbania, das jetzt seine Selbstverwaltung erlangt hat. Es ist gleichzeitig Endstation und Ausgangspunkt; denn von hier aus kann man Belle-Époque-Villen, Gärten im Renaissancestil und stark von Borromini geprägte Inseln

96 links oben Am Ende einer alten Straße in Novara erhebt sich die Kuppel von San Gaudenzio, die von Alessandro Antonelli geschaffen wurde. Der schlanke Turm wurde in der zweiten Hälfte des 19. Jahrhunderts errichtet.

96 links Mitte Die Laubengänge in der Via Rosselli, das „Schaufenster" Novaras, zwischen Piazza dei Martiri und Via delle Erbe. Sie erinnern an die städtebauliche Kultur des 19. Jahrhunderts mit ihrer vertrauenerweckenden, bürgerlichen Einheitlichkeit.

96 links unten Piazza Martiri della Libertà in Novara mit dem Denkmal Vittorio Emanueles II. Im Hintergrund das 1886 erbaute Teatro Coccia. An Wochentagen herrscht hier rege Markttätigkeit.

96 rechts Hier noch ein Blick auf die Piazza Martiri della Libertà. Die Altstadt von Novara bekam nach der 1840 begonnenen Stadterneuerung teilweise ein neues Gesicht.

96–97 Der Hügel von Castagnola blickt mit seinen Dörfern auf Verbania. Die „Hauptstadt" des Lago Maggiore besteht eigentlich aus zwei Städtchen, Pallanza westlich der Landzunge und Intra im Osten.

98 oben San Domenico in Casale ist ein Meisterwerk der Gotik. Die Kirche und der Glockenturm wurden gegen Ende des 15. Jahrhunderts errichtet. Im Bild ein kleiner Ausschnitt der Fassade und des mit Basreliefs aus dem Jahre 1505 versehenen Renaissanceportals.

98 Mitte Piazza del Cavallo in Casale Monferrato mit dem Carlo Alberto-Denkmal. Vittorio Emanuele II. behauptete, als er vor der Statue stand, zum ersten Mal den „König des Risorgimento" in Hemdsärmeln gesehen zu haben.

98 unten Blick durch die Arkaden auf den Hof des Palazzo Gozzani di Treville in Casale Monferrato. Der Barockbau ist von Giovanni Battista Scapitta.

98–99 Das Schloß von Ivrea mit den roten Türmen, der Dom und der romanische Turm der Kirche Santo Stefano gehören zu den Symbolen der „Hauptstadt" des Bezirks Canavese; in dieser kleinen „Heimat" lebt noch Olivettis Idee der „Gemeinschaft".

99 unten Das Schloß und der Dom von Ivrea versinnbildlichen miteinander den Lauf der Geschichte dieser Stadt. Der Herrensitz mit seinem runden Turm wurde 1358 vom Conte Verde, dem grünen Grafen, errichtet. Der Dom enthält noch romanische Stilelemente.

besuchen. Dies ist eine nordische (wie irgendwer einmal sagte: die blühenden Fjorde der Alpen), eine gotisch-märchenhafte Landschaft. Bereits mehr im Einzugsbereich von Vercelli (wie Verbania im Verhältnis zu Novara) liegt Biella, das Wollzentrum Italiens, eine Oase der Bürgerlichkeit und des Bürgers, wie Werner Sombart ihn beschrieb: „Der nie ruhende, fleißige Mensch". Der Reisende Guido Piovene schlug vor, um das bürgerliche, kaufmännische und virtuose Piemont des späten 19. Jahrhunderts besser zu verstehen, sich vor das „Eugenio-Bona-Institut" zu stellen und die ermahnenden Worte zu lesen, die das Hauptornament auf der Fassade umranden: „Redlichkeit, Anstand, Ernst, Energie, Voraussicht, Ehrlichkeit, Fleiß, Beharrlichkeit, Unternehmungsgeist, Scharfsinn, Umsicht, Pünktlichkeit, Charakter, Treue, Vorsicht, Klugheit, Weisheit, Standhaftigkeit".

Hut ab vor Biella (Borsalino natürlich), was uns nach Alessandria bringt. Giovanni Arpino beschreibt die Stadt so: „Als ewige Festung – seit Barbarossa und bis Napoleon und Carlo Alberto, die allesamt Vermögen ausgegeben haben, um dem Zentralbau neue fünf- oder sechseckige Zitadellen und Befestigungen hinzuzufügen – hat Alessandria die europäische Geschichte als gewöhnlicher Soldat mitgemacht. Andere haben vielleicht die Medaillen bekommen, hier geschieht alles hinter den Linien, wird die Abrechnung gemacht, hier liegt auch der verborgene, nichterkannte, aber erbitterte Widerstand."

Alessandria ist ein Vorposten des unteren Piemonts, wie auch Cuneo und Asti, die „Bacchus-Gegend", und wie die Langhe und das Monferrato. Cuneo ist die Hauptstadt der „provincia grande". Um die im 19. Jahrhundert gestaltete Piazza Galimberti (er war Kommandant der Verbände „Giustizia e Libertà", ‚Recht und Freiheit') haben Leute wie Vittorio Gorresio (Vorkämpfer der natürlichen, sprich freien Erziehung) und Giorgio Bocca ihre

100 oben Laubengänge umgeben die große Piazza Garibaldi in Alessandria. Das Zentrum des Stadtlebens ist die nahe gelegene Piazza della Libertà mit Rathaus und Präfektur.

100 unten Der Glockenturm der Kathedrale von Alessandria ist Teil des von Giuseppe Boidì ausgeführten Projekts. Der Bau wurde, nach der Restaurierung der Kirche im neoklassizistischen Stil zwischen 1810 und 1879, erst 1922 vollendet.

100–101 Die Piazza Vittorio Alfieri ist das Zentrum der Stadt Asti. Das Denkmal soll an den großen Bürger der Stadt erinnern, der Tragödien schrieb und Freiheit und Weltoffenheit verteidigte. Auch das Theater und die Hauptstraße tragen seinen Namen.

101 unten links Zwei Zeitalter sind im roten Turm von San Secondo vereint. Der untere Teil ist romanisch, der obere wurde im 11. Jahrhundert hinzugefügt. Der Turm, dessen Grundriß polygonal ist, stand vielleicht neben einem der Tore, die Alarichs Westgoten zurückhielten.

101 unten rechts Der Dom von Asti ist einer der bedeutendsten gotischen Ziegelbauten Piemonts. In der Fassade sind drei verzierte Portale zu sehen.

101

Prüfungsjahre verbracht, Bocca als unverbesserlicher „Provinzler", der sich nicht von der Hauptstadt kleinkriegen ließ, von: „Turin mit seiner Piazza Castello, mit der Sacra Sindone, mit Milly, der Geliebten des Prinzen Umberto, mit der Konfiserie Baratti e Milano, mit Superga und der Gran-Madre-Kirche". Asti wird von einer Hauptstraße durchzogen, die nicht zufällig nach dem Tragödienautor Vittorio Alfieri, seinem berühmtesten Sohn, benannt ist. Sie alle sind Vertreter der Piemontesen, die der alten Hauptstadt Turin gegenüber zwar loyal sind, ihre Eigenständigkeit jedoch gleichzeitig verteidigen.

102 oben Der Dom San Lorenzo in Alba ist ein gotischer Bau aus dem 15. Jahrhundert. Die restaurierte Fassade mit Bogenportal ist aus Ziegeln. Die Fassade endet in vier Fialen, von denen zwei durch einen Giebel verbunden sind, ein bauliches Element, das auch in vielen Schlössern der Gegend zu sehen ist.

102 unten Mondovì mit Monviso im Hintergrund. Auf dem Hügel erheben sich die architektonisch wichtigsten Bauten der Stadt wie der aus dem 17. Jahrhundert stammende Dom, ein Barockbau des Francesco Gallo, und der Belvedereturm.

102–103 Die Piazza Galimberti ist das Zentrum von Cuneo. Der Platz ist nach dem Kommandanten der Partisanengruppen „Giustizia e Libertà" benannt und reflektiert den Stil des 19. Jahrhunderts, der von Würde, Anstand und Strenge geprägt war.

103 unten Die Via Roma durchquert den mittelalterlichen Teil der Stadt Cuneo. Typisch sind die niedrigen Arkaden, die man überall in der Gegend findet. Geschäfte, Werkstätten und Cafés säumen die ruhigen Straßen.

Wege der Kunst

104 oben Die Porta Palatina stammt aus dem ersten Jahrhundert des Römischen Reichs und ist eines der wichtigsten Bauwerke römischer Zeit. Die zwei sechzehneckigen Türme sind 30 m hoch. Zwei andere Türme, die einmal Teil des östlichen Tores (Porta Decumana) waren, sind in den Palazzo Madama eingegliedert.

Erinnerungen an Piemonts Vorgeschichte findet man zum Beispiel in Alba, wo Reste der Hütten früherer Bewohner einen Ring aus grünem Stein hinterlassen haben. In Trana bei Turin, in der Gegend von Ivrea und rund um den Lago Maggiore gibt es Spuren von den Pfahlbauten früher Siedlungen. Dagegen findet man nur ganz wenige Zeugnisse von den Etruskern (eine Inschrift in Busca in der Cuneo-Gegend). Das keltische Erbe manifestiert sich vor allem im Sprachlichen, wie Giacomo Devoto in seiner Geschichte Italiens schrieb: „Die Wortendungen auf -ago weisen darauf hin, daß der keltische Einfluß nicht nur militärischer, sondern auch demographischer und gesellschaftlicher Art gewesen ist." Er entdeckte ihn „in der Provinz Novara: Brissago, Comignago, Bellinzago, Caltignaga" und auch „rechts des Po im Hügelland Monferratos: Rigomagus (Campo del Re, ‚Lager des Königs'), heute Trino, und Bodincomagus (Campo sul Po, ‚Lager am Po'), heute Monteu da Po". Wobei man die spätere Römersiedlung Epodirea (Ivrea) nicht vergessen darf, deren Name anscheinend „Ort, wo die Pferde eingespannt werden" bedeutet. Später kamen dann aus ‚Caput Mundi' (Rom) die Architekten, die Militärtrosse, die Handlanger und die Legionen.

Eine Reise auf römischen Spuren müßte in Turin beginnen. Dort gibt es die Porta Latina aus der Zeit des Augustus, auch Porta Comitale genannt, und die Porta Donana, die 1404 mit später wieder abgebauten Zinnen versehen wurde. Wenige Schritte weiter, neben dem Dom, liegt das Teatro Romano (das erst 1899 entdeckt wurde). Im Palazzo Madama sind Teile der Porta Decumana in den Bau integriert. Nicht weit von Turin, bei Monteu da Po, sieht man die Überreste von Industria, das für seine Bronzeproduktion berühmt war. In Richtung Frankreich erwartet uns der Wall von Susa, das sogenannte „Tor nach Italien" (dort münden die Straßen von Monginevro und Moncenisio ein); der Augustusbogen (8. Jh. v. Chr.) aus weißem Forestomarmor ist das herausragende Zeugnis der römischen Vergangenheit.

Andere römische Hinterlassenschaften im Piemont sind der Turriglio (ein Nymphäum zwischen Alba

104 Mitte Die Porta Savoya in Susa stammt aus dem 3. Jahrhundert n. Chr. Dieses Tor gehört mit der Porta Palatina in Turin und der Porta Pretoriana in Aosta zu den wichtigsten Bauwerken dieser Art in Piemont. Die zwei Türme sind mit Fensteröffnungen versehen; das ursprüngliche Erscheinungsbild wurde durch Veränderungen im 17. Jahrhundert zum Teil zerstört.

104 unten Der Triumphbogen des Augustus in Susa aus dem Jahr 8 v. Chr. ist aus weißem Stein. Er erinnert an das Bündnis zwischen dem Kaiser und König Cotius, das mit der Unterwerfung des Landes durch Rom beendet wurde.

105 Eine der zwei Statuen vor der Porta Palatina zeigt Julius Cäsar, die andere Augustus. Zusammen haben sie die Aufgabe, über die ältesten Teile der Stadt zu wachen.

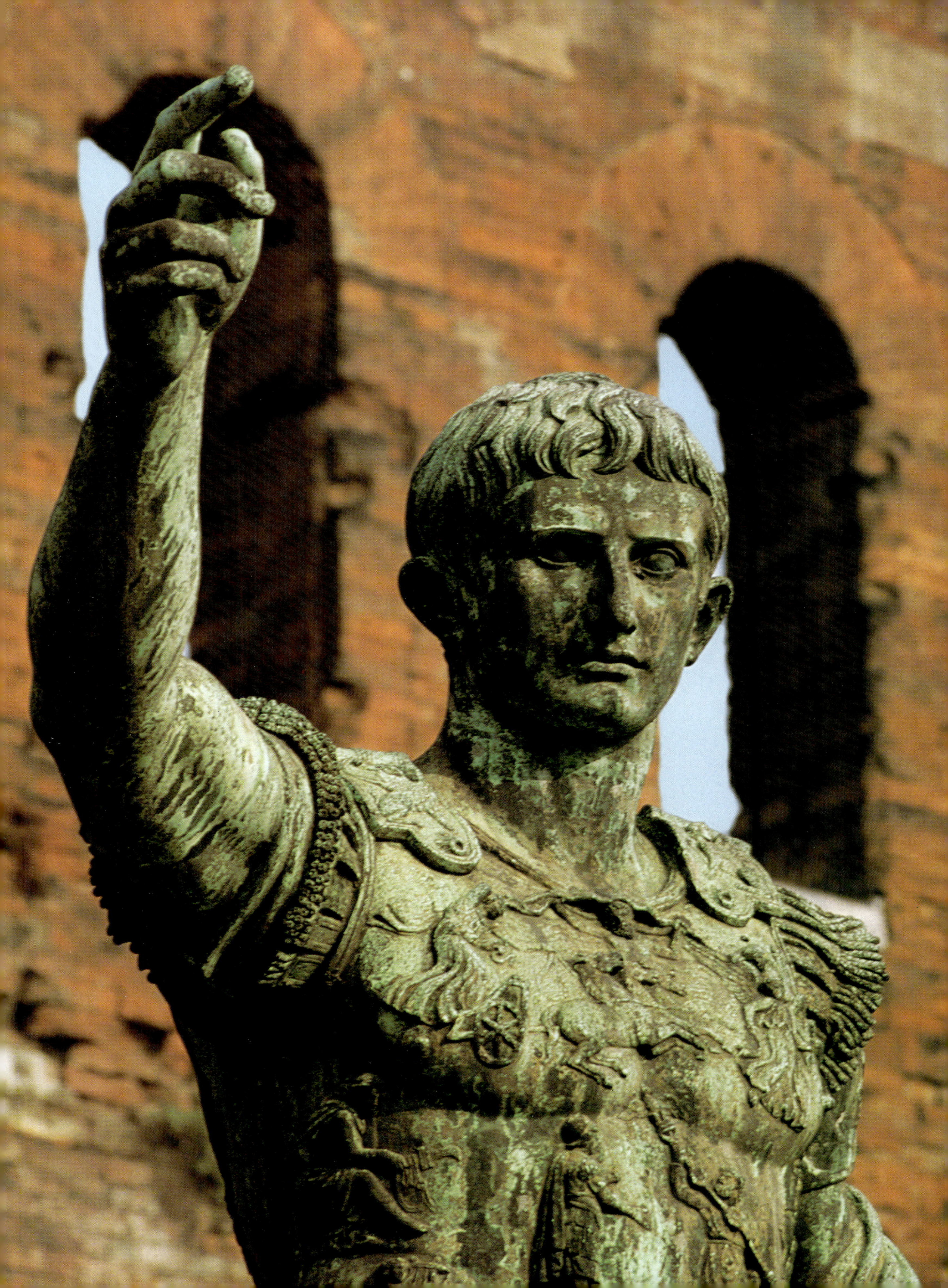

106

und Pollenzo), die römischen Theater von Bene Vagienna (Augusta Bagiennarum, im Tanarotal) und Libarna (Serravallo Scrivia, in der Gegend von Alessandria), die absolut sehenswerten Grabstelen (in Mombasiglio bei Monregale); in Asti steht am Ende des Corso Alfieri der Rote Turm von San Secondo, gleichfalls aus Augusteischer Zeit; interessant auch die kleinen Büsten, Silberschnallen und Goldketten, die in den Gräbern in Biella gefunden wurden (im Stadtmuseum eine Tonbüste der Minerva), sowie Testona, Frosacco und andere mehr ...

Die Romanik brachte einen Höhepunkt der Architektur im Piemont. Wie die namhafte Forscherin Anna Maria Brizio bemerkte: „Nach der Qualität der Werke zu urteilen und nach all den Jahrhunderten und Begebenheiten, die sie überdauert haben, kommt man zum Schluß, daß es damals eine äußerst rege Bautätigkeit gegeben haben muß; das wiederum setzt das Vorhandensein tüchtiger Baumeister, Steinhauer und Freskomaler in großer Zahl und mit hohem Niveau voraus; das gleiche gilt für die bischöflichen und klösterlichen Skriptorien, die eine Vielzahl von oft wunderschönen illuminierten Handschriften hervorgebracht haben." Die Bauwerke sind zwischen Ende des 10. und Anfang des 12. Jahrhunderts entstanden: San Martino und Santa Maria di Spinerano in Cirié bei Turin; San Giovanni dei Campi in Piobesi und San Genesio in Castagneto Po. In den Tälern von Susa liegen die Benediktinerabtei von Novalesa (die schönste der noch erhaltenen Kapellen ist die von Sant'Eldrado), San Michele auf dem Pirchirianoberg, und die Madonna della Losa in Gravere. Im Val d'Ossola liegt San Bartolomeo.

In der Gegend von Vercelli haben wir San Michele in Trino und die Krypta der Sant'Agata in Santhià sowie San Michele in Clivolo in Borgo d'Ale.

106–107 Die Cappella di Sant'Eldrado gehört zu den noch erhaltenen Teilen der Abtei von Novalesa in der Nähe von Susa. Die Fresken sollen aus dem 13. Jahrhundert sein, vielleicht sind sie aber auch noch älter; der Stil ist eher lombardisch als piemontesisch. Sie schildern die Geschichte der zwei Heiligen Eldrado und Nikolaus von Bari.

107 unten Der Kreuzgang der Abtei von Novalese, die eines der wichtigsten Kulturzentren des Mittelalters war. Das Kloster wurde 726 von Benediktinern gegründet. Im 10. Jahrhundert von den Mauren zerstört, wurde es von Abt Gezone wieder aufgebaut. Heute dient es als Ort der Meditation für die Mönche von der Insel San Giorgio.

107 oben Das Atrium im Dom von Casale Monferrato erinnert an einige armenische Bauten des 10. Jahrhunderts sowie an die Moschee von Cordoba. Der fünfschiffige Bau wurde im 11.–12. Jahrhundert errichtet. Erwähnenswert ist besonders die von Benedetto Alfieri entworfene Kapelle des Sant'Evasio.

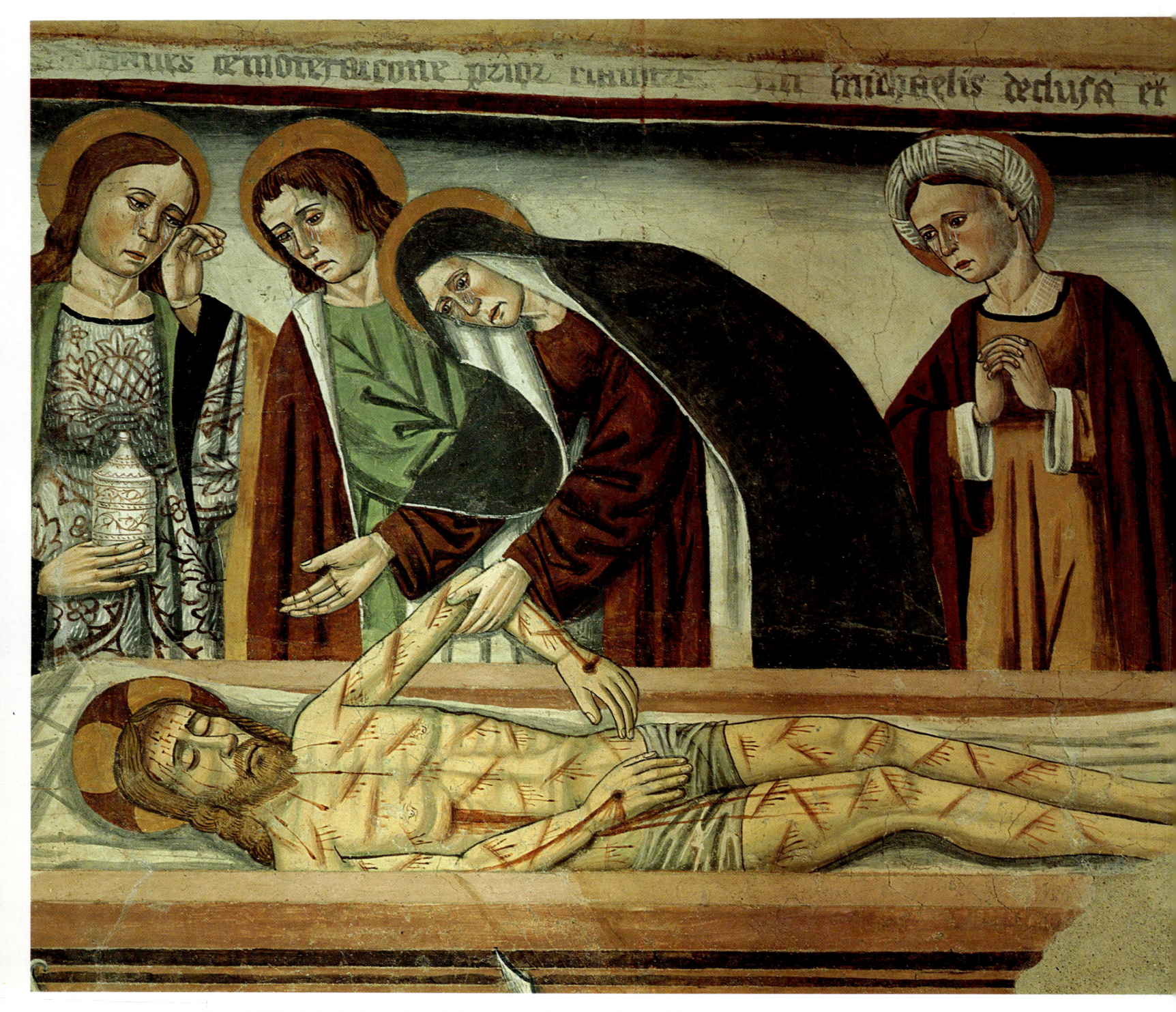

108–109 Am Eingang zum Val Susa erhebt sich auf dem Monte Pirchiriano die Sagra di San Michele, ein Komplex romanischer Architektur. Das Benediktinerkloster war im 12. Jahrhundert eines der größten in Italien und besaß Ländereien in der Schweiz, Frankreich und Spanien. Seit 1863 gehört es den Rosminianermönchen. Im Inneren sieht man den Übergang von der Romanik

In der Provinz Novara sind San Pietro in Castelvolone, die Basilika San Giulio d'Orta (mit dem Ambo) und San Michele in Oleggio (in der ein „Letztes Gericht" zu sehen ist) hervorzuheben. In einem Tal bei Cuneo liegt San Costanzo. In der Region Monferrato haben wir SS. Nazario e Celso in Montechiaro d'Asti, San Giorgio in Bagnasco, Santa Fede in Cavagnolo Po, die Abtei von Vezzolano in Albugnano und den herrlichen Dom von Casale. Dann die Kampanile (am Dom von Novara, am Dom von Vercelli, an der Abtei der Fruttuaria von San Benigno Canavese) und die Taufkapellen von Chieri und Asti (San Pietro) …

Laut Anna Maria Brizio „erreichte die Gotik nicht dieses hohe Niveau. Der Stil wirkt provinzieller, die Verknüpfung mit der Kunst bleibt zwar maßgebend, aber Einflüsse von jenseits der Berge machen sich bemerkbar. Die Architektur baut zumeist auf den bestehenden romanischen Strukturen, die Hauptneuerung ist die Einführung des Kreuzgewölbes – das übrigens auch zuweilen in romanischen Bauten zu sehen ist: man denke z.B. an Santa Fede in Cavagnolo Po – anstelle der Tonnengewölbe oder der Holzbalkendecken." Einen Höhepunkt der Gotik bildet die Kirche Sant'Andrea in Vercelli,

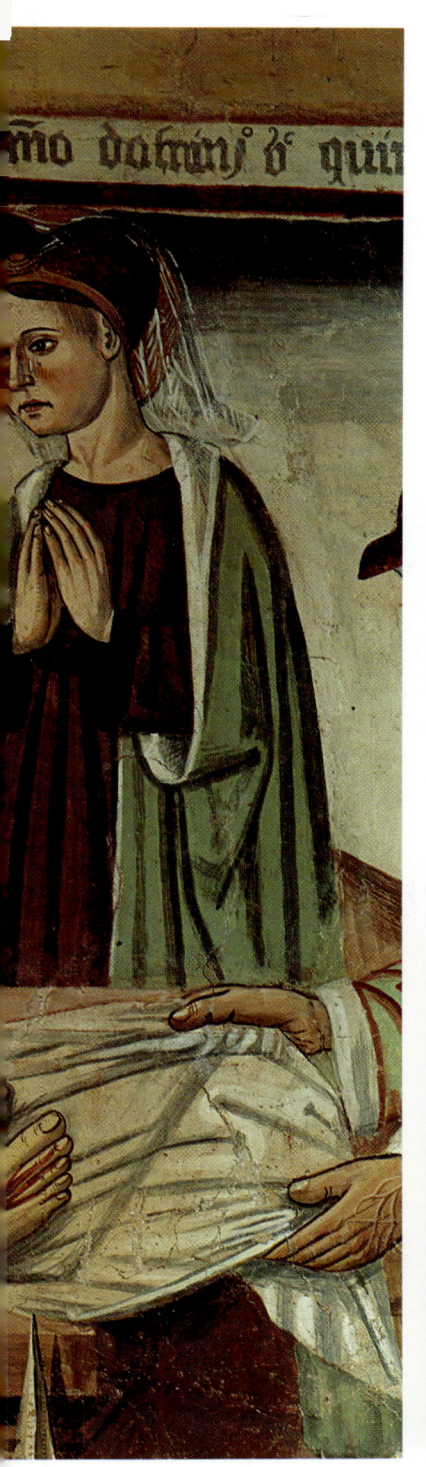

zur Gotik. Besonders bemerkenswert sind die Hochreliefs in der Apsis (12. Jahrhundert), die die Verkündigung und die Propheten darstellen, das Triptychon von Defendente Ferrari am Hauptaltar („Die Jungfrau zwischen St. Michael, St. Johannes Vinzenz und einem Spender") und die „Grablegung", ein Fresko von Secondo Del Bosco aus Poirino.

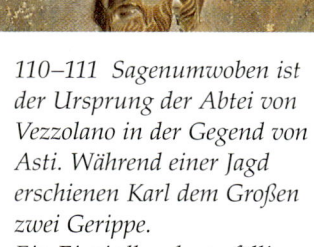

*110–111 Sagenumwoben ist der Ursprung der Abtei von Vezzolano in der Gegend von Asti. Während einer Jagd erschienen Karl dem Großen zwei Gerippe. Ein Einsiedler, der zufällig vorbeikam, riet ihm, eine Kirche an dieser Stelle bauen zu lassen. Die Abtei wurde im 9. Jahrhundert bei Albugnano gegründet und im 12. Jahrhundert im romanischen Stil umgebaut; eine Blendarkade schmückt die Fassade.
Das Erlebnis Karls des Großen ist in den Fresken (ca. 1370) in einem Teil des Kreuzganges dargestellt. Reliefs aus grünem Stein sind in der Apsis zu sehen.*

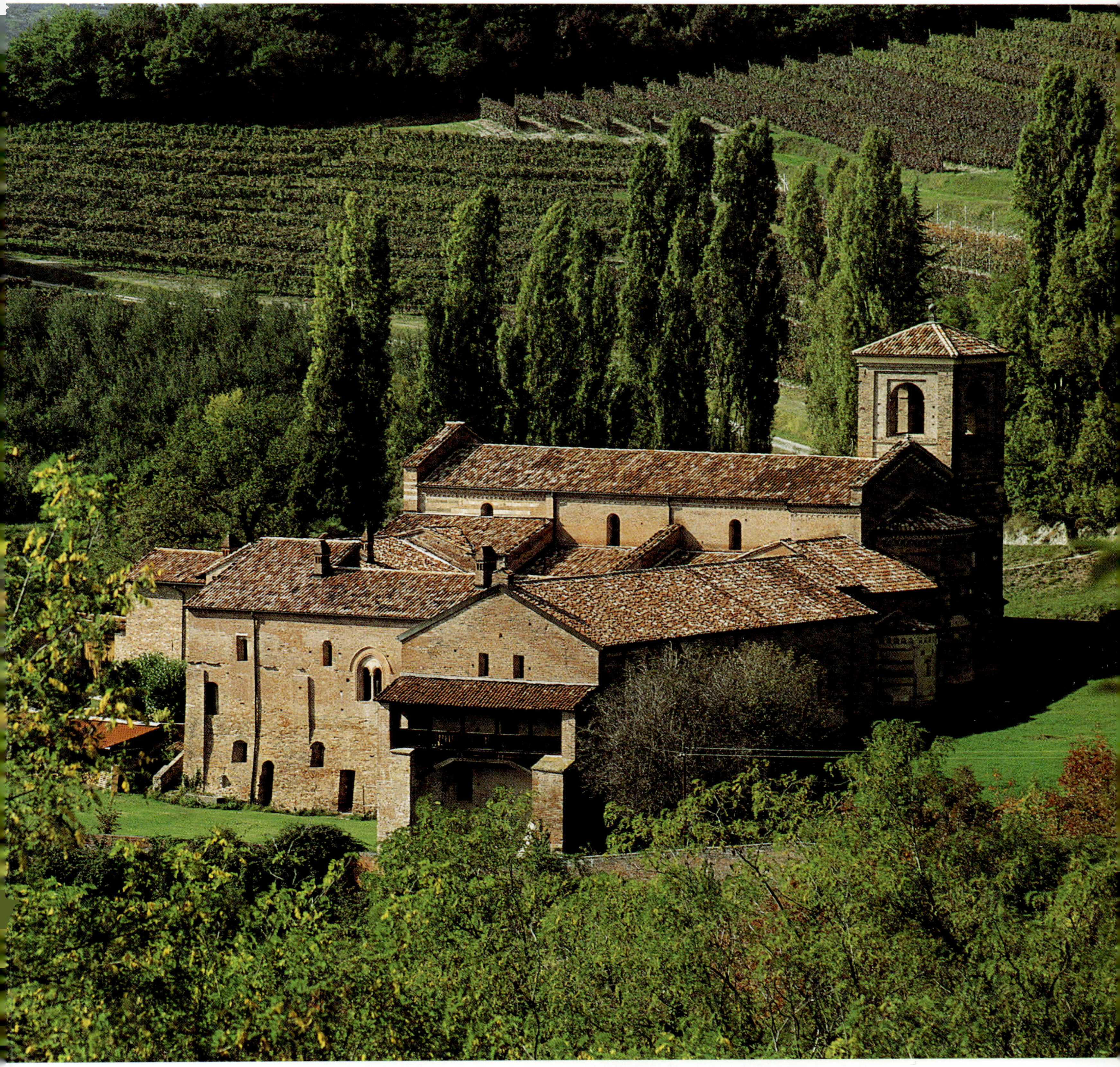

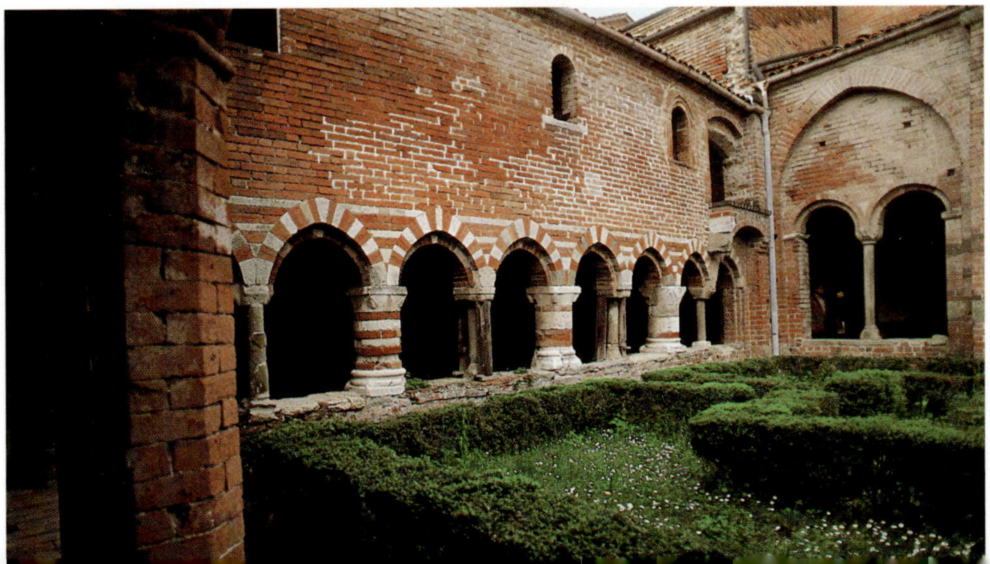

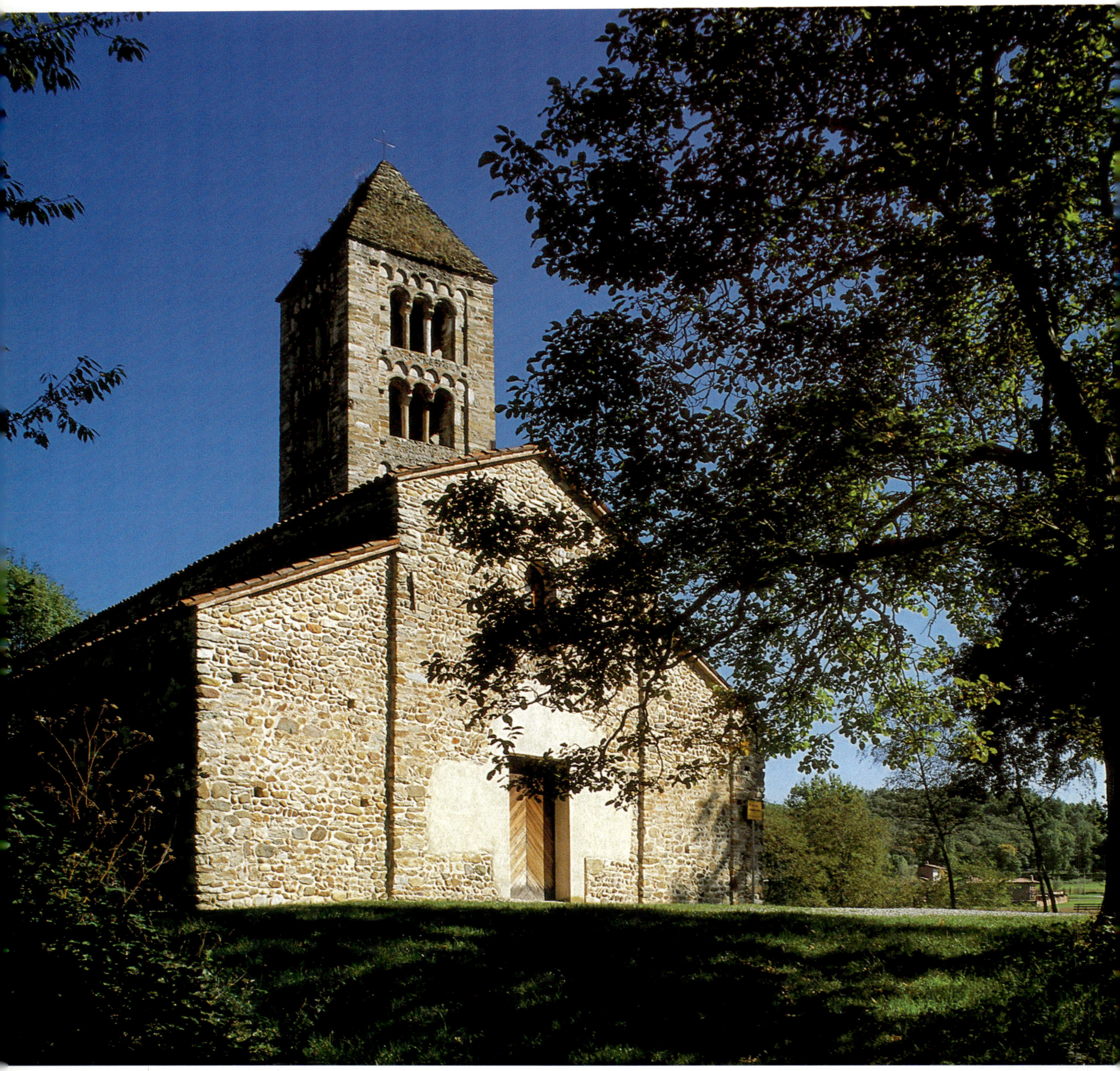

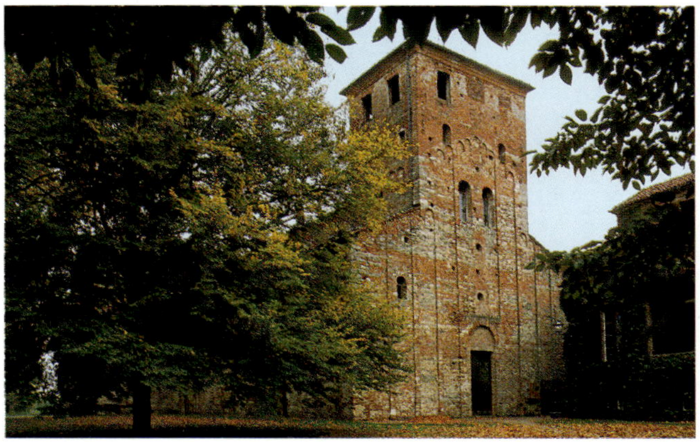

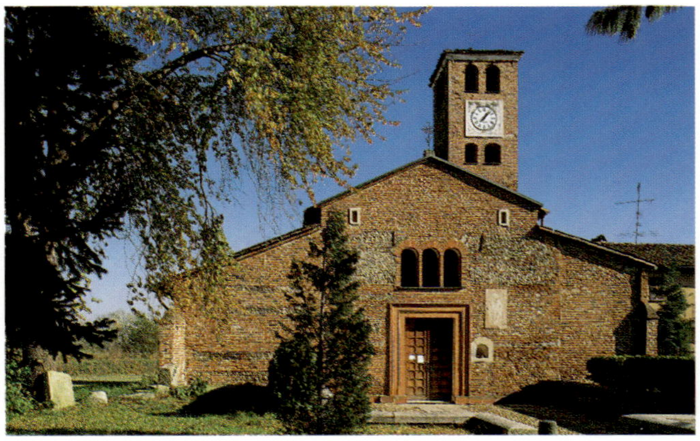

112–113 Auf der Serra d'Ivrea ist die romanische Pfarrkirche San Secondo in Magnano (Bezirk Biella) mit Hilfe der ökumenischen Gemeinschaft von Bose restauriert worden.

113 oben Ein Detail der Fresken in der Pfarrkirche von Quinto zeigt eine große Frische in der Wiedergabe der Gesichtszüge und besondere Aufmerksamkeit gegenüber Einzelheiten der Kleidung.

113 unten Das Bild zeigt einen Ausschnitt der Fresken in der Abtei von Sezzadio. Die Fresken in der Apsis wurden im 14.–15. Jahrhundert ausgeführt.

112 unten links Die Benediktinerabtei Santa Giustina in Sezzadio bei Alessandria wurde von Luitprando im 8. Jahrhundert gegründet. Der rein romanische Komplex wurde im 11. Jahrhundert gebaut.

112 unten rechts In Quinto Vercellese steht ein Bau von großem künstlerischen und historischen Interesse: die romanisch-gotische Pfarrkirche SS. Nazario e Celso, in der einige sehr schöne Fresken des 15. und 16. Jahrhunderts zu sehen sind.

die Antelami zugeschrieben wird. Bedeutend sind auch der Dom von Chieri (mit den Kapellen der Familien Gallieri und Vittone aus dem 15. und 17. Jahrhundert), der Dom von Chivasso, San Domenico in Alba, San Domenico in Turin, San Giovanni in Saluzzo und San Secondo in Asti. Dazu die Abteien: von Sant'Antonio in Ranverso in der Nähe von Rivoli über Staffarda (in der Provinz Saluzzo) bis Santa Maria in Casanova bei Carmagnola. Giacomo Jaquerio aus Turin ist ein gotischer Maler reinster Ausprägung. Eines seiner reifsten Werke befindet sich in der Abtei Sant'Antonio von Ranverso (Fresken im Presbyterium, in der Sakristei und am Ende des rechten Kirchenschiffes). „Eine starke, vielfältige und lebhafte Persönlichkeit, mal stürmisch, energisch, grob und leidenschaftlich (siehe seinen hochdramatischen und realistischen, nordisch inspirierten ‚Gang zum Kalvarienberg'), mal meditativ, gefaßt und tiefreligiös, durchaus ebenbürtig mit den größten zeitgenössischen Malern Norditaliens" – so Marziano Bernardi.

Neben der Malerei gibt es die Bildhauerkunst und die Holzschnitzerei; Beispiele hoher Qualität sind die Kanzel und das Altarbild in der Abtei von Staffarda, die Chorgestühle (vor allem das in der Kathedrale von Susa), die Skulpturen (im Portal des Doms von Chivasso) und die Grabmäler. Erwähnenswert sind die Grabplatte mit der bewaffneten Gestalt des Jacopo Provana, die sich früher in der Santa Chiara-Kirche von Carignano befand und jetzt in der Galleria Sabauda in Turin zu sehen ist, und das Grabmal des Abtes Gallo von Sant' Andrea in Vercelli.

Es gibt eine große Anzahl von Schlössern. In Serralunga d'Alba steht das Schloß der Marchesa Giulia di Barolo, wo Silvio Pellico ein beliebter Gast war. In Verzuolo finden wir eine Festung, in der sich ein berühmter Streit ereignete, nämlich der zwischen Marguerite de Foix und ihrem Sohn Jean Louis am 3. April 1526; die Mutter stand dem französischen Hof nahe, ihr Sohn dagegen den Spaniern, wofür er mit zwei Jahren Kerker büßen mußte. Die Fresken im Schloß von Manta zeigen, ähnlich wie jene in Verzuola, ritterliche Szenen. Sie werden teilweise Giacomo Jaquerio zugeschrieben. In Ivrea liegt die volutengeschmückte Burg des Grünen Grafen (il Conte Verde). Im Gebiet Biella sind die Herrensitze von Gaglianico, Verrone und Valdengo zu sehen, obwohl die befestigten Dörfer, vor allem Candulo, noch interessanter sind. Im Monferrato finden wir die befestigten, mittelalterlichen Bauten von Costigliole d'Asti, Frinco, Camino (wo Barbarossa haltmachte) und Montiglio.

114 oben „Weg zum Kalvarienberg" ist der Titel eines Freskos von Giacomo Jaquerio in der Sakristei der Kirche Sant'Antonio in Ranverso. Jaquerio war der größte Maler Piemonts in der ersten Hälfte des 15. Jahrhunderts.

114 unten Die Abteikirche Sant'Antonio in Ranverso bei Rivoli ist ein hervorragendes Beispiel mittelalterlicher Baukunst. Die Fassade mit Ziergiebeln über den drei Portalen wurde im 15. Jahrhundert gestaltet, der gotisch-lombardische Glockenturm stammt aus dem 14. Jahrhundert.

115 oben Als Carducci die „roten Türme" von Ivrea besang, dachte er an das Kastell von Ivrea. Dieses wurde im 14. Jahrhundert vom „grünen Grafen", Amedeo VI. von Savoyen, errichtet. Einer der Türme wurde 1676 durch eine Explosion in einer Pulverkammer beschädigt.

115 unten links Ziegel und Stein sind die dominierenden Elemente in der Abteikirche von Staffarda. Bemerkenswert sind die romanischen Bögen, das Gewölbe, die Kirchenschiffe und die Kanzel. Oddone Pascale aus Fossano ist der Maler des Altarbildes.

115 unten rechts Die Abtei von Staffarda gehört zu den großartigsten Baudenkmälern der monastischen Kultur des Mittelalters. Die im 15. und 16. Jahrhundert geänderte Fassade wurde wahrscheinlich ursprünglich im 14. Jahrhundert gestaltet.

115

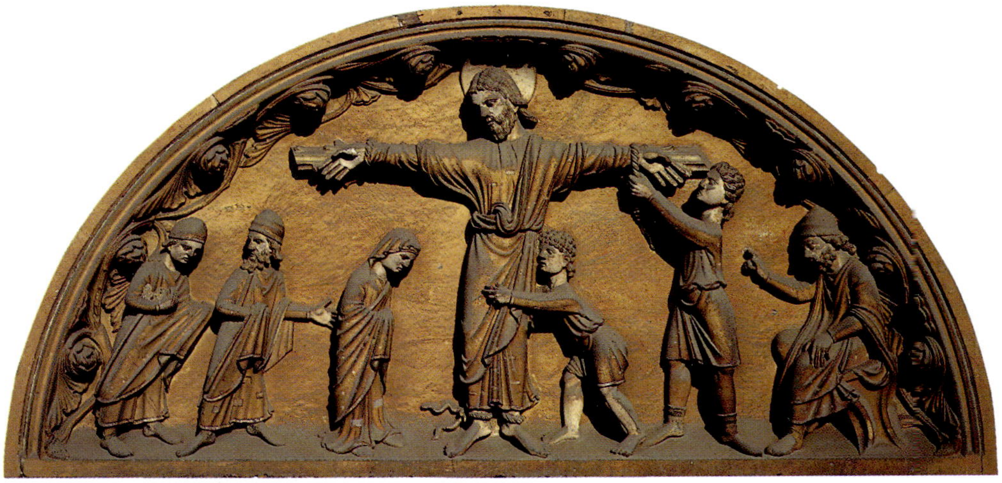

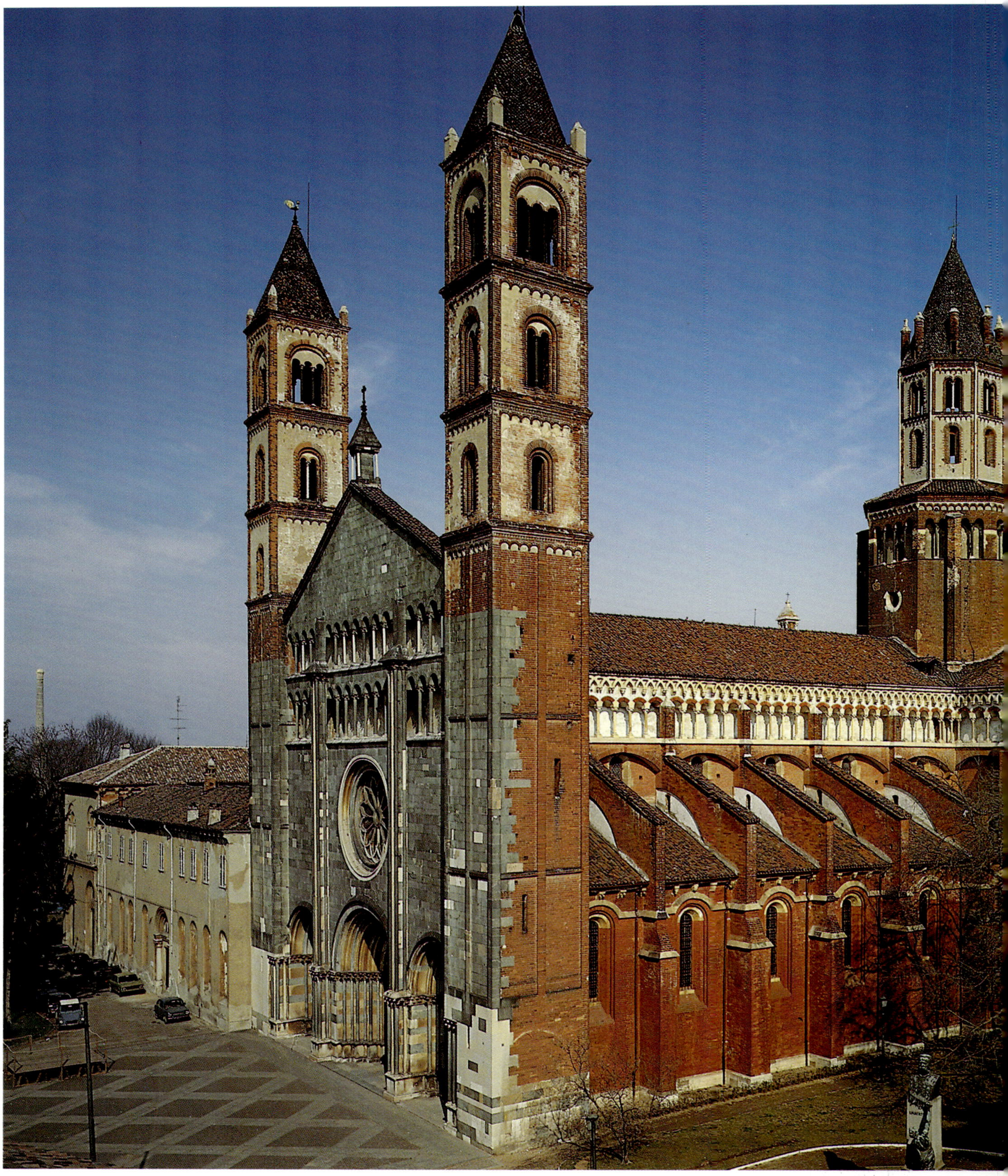

Jaquerio starb 1453; Gian Martino Spanzotti, der Casale, Vercelli, Chivasso und Ivrea seinen Stempel aufprägen sollte, war zu dem Zeitpunkt gerade geboren. In Ivrea (in der Kirche San Bernardino) kann man sein vielleicht bestes Werk, die Fresken mit den Christuslegenden, bewundern. Defendente Ferrari, der zahlreiche Polyptycha malte, war ein Schüler Spanzottis; in der San-Giovanni-Kirche in Avigliana überstrahlt sein Werk alle anderen. Nicht weniger bedeutend ist Macrino d'Alba; seine „Christi

116 oben Die Lünette über dem Mittelportal wird Antelami zugeschrieben. Sie stellt das Martyrium des Apostels Andreas dar; seine Kreuzigung geschah auf Befehl des Prokonsuls Aegeas, der unten rechts zu sehen ist.

116–117 Der Bau der Basilica di Sant'Andrea wurde von Kardinal Guala Bicchieri veranlaßt. Die Fassade des Zisterzienserbaus ist zweistufig und wird von zwei von Fialen gekrönten Säulengruppen in drei Segmente aufgeteilt. Über dem Mittelportal ist eine Fensterrose. Benedetto Antelami und seine Schüler schufen die Figuren der Lünetten. Schlanke Türme stehen wie Wachtposten über dem gotischen Bau.

117 oben Der Anfang des 16. Jahrhunderts gestaltete Kreuzgang der Abtei ist im Zisterzienserstil gehalten, mit auf schlanken Säulenbündeln ruhenden Arkaden auf allen vier Seiten.

117 unten Mächtige Säulen teilen die Basilica di Sant'Andrea in drei Schiffe. Das Mittelschiff ist von einem Kreuzgewölbe gekrönt. Die Bildhauerarbeiten sind eindrucksvoll, besonders die Kapitelle.

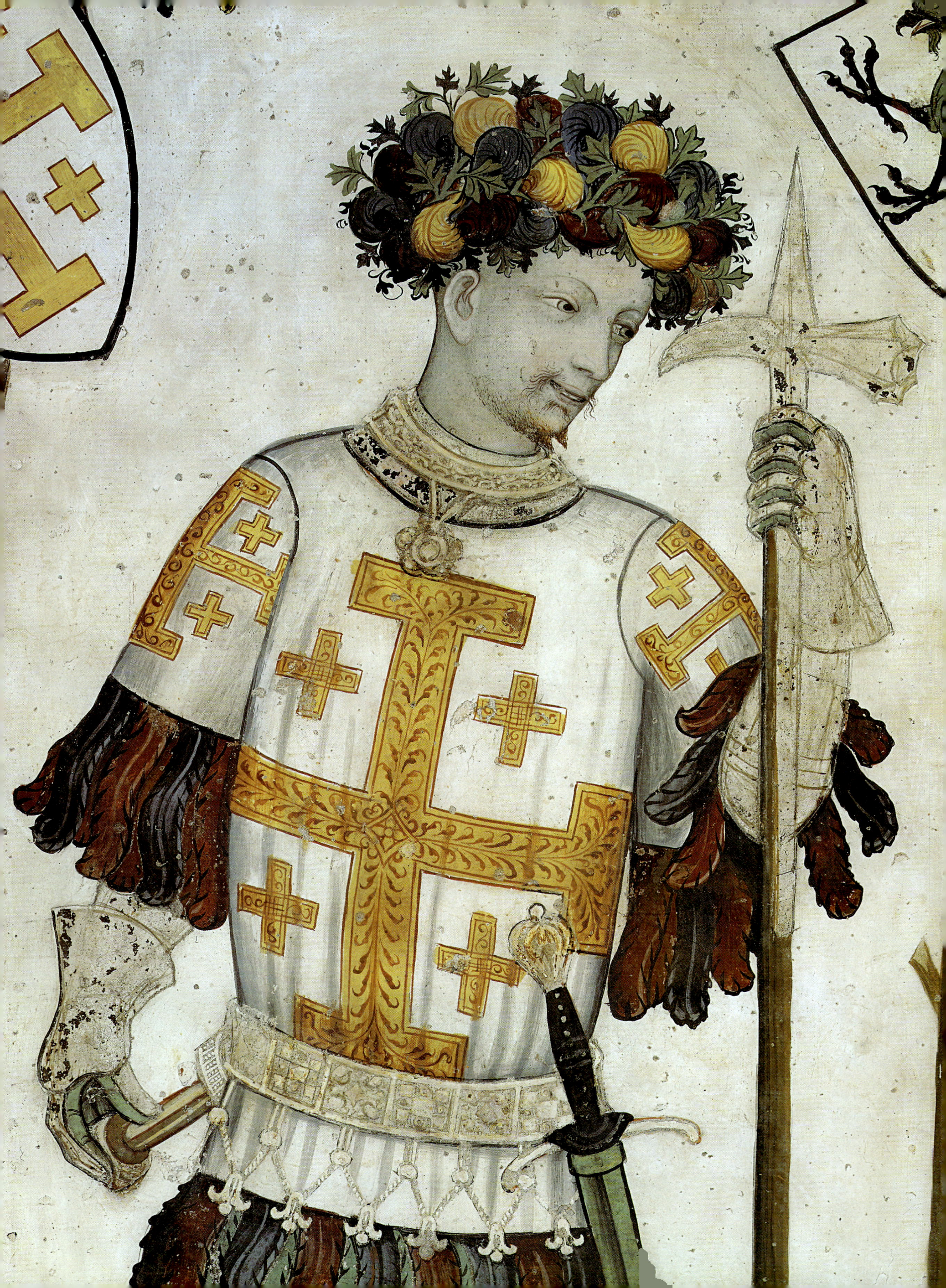

118 Goffredo di Buglione ist einer der neun Helden des Ritterzyklus im Schloß von La Manta. Die Helden – drei Juden, drei Christen und drei Heiden – sind in der Kleidung der Zeit dargestellt.

119 oben Auf den Fresken im großen Saal des Schlosses von La Manta sind die neun Helden und die neun Heldinnen abgebildet, so Delfila, die Siegerin von Theben, Demiramis, Königin der Assyrer, Ethiope, die Indien eroberte, und Penthesilea, Königin der Amazonen, die von Achilles getötet wurde.

119 Mitte Das Schloß von La Manta ist ein typisches Beispiel der Ritterkultur der Gegend. Die im 14. Jahrhundert gebaute Festung wurde von Valerano, dem „Burdo", der ein unehelicher Sohn des Markgrafen Tommaso III. war, vergrößert.

119 unten Castello Doria di Passerano im Bezirk Asti wurde in der Hauptsache zwischen dem 14. und dem 16. Jahrhundert gebaut, obwohl Teile davon bis ins 12. Jahrhundert zurückreichen.

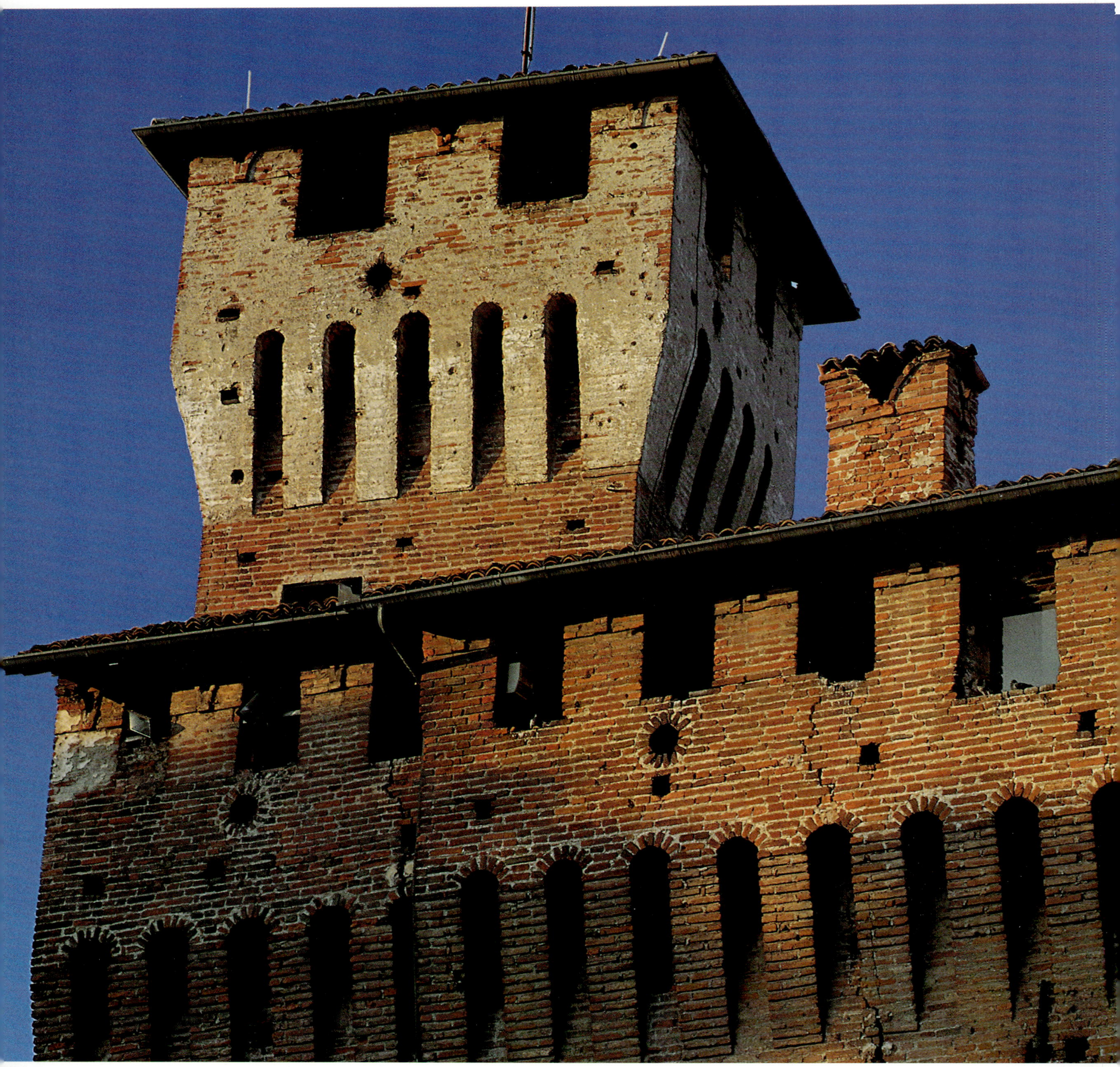

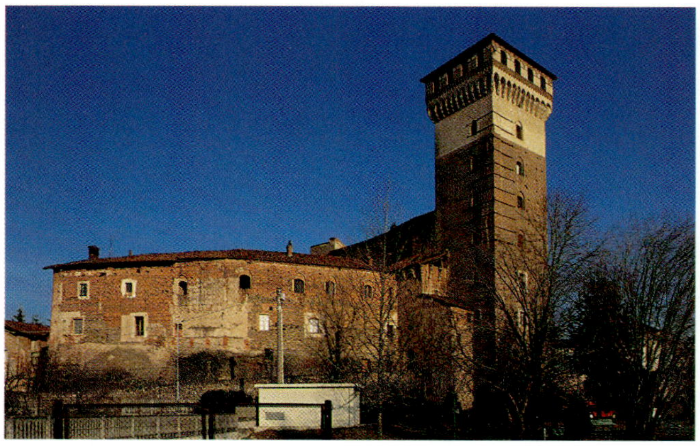

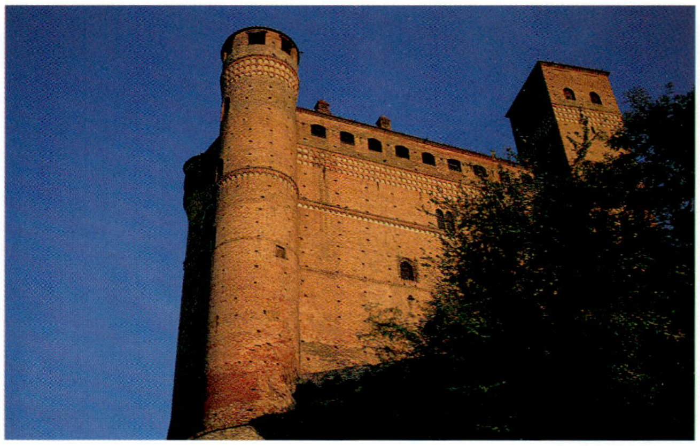

121 oben Acht Kilometer von Alba entfernt überragt die Burg von Grinzane Cavour die gleichnamige Stadt. Der Herrensitz wurde im 13. Jahrhundert gebaut. Die früheren Besitzer, Familie Cavour (daher der Name), unterzogen sie einer sorgfältigen Restaurierung. Heute ist dort eine regionale Weinprobierstube untergebracht.

120–121 Das Kastell der Visconti in Pozzolo Formigaro (Bezirk Alessandria) stammt aus dem 14. Jahrhundert. Sein Turm überragt die Stadt, die seit dem 11. Jahrhundert von den Markgrafen Del Bosco beherrscht wurde.

120 unten links Die Burg von Rovasenda erhebt sich in der Ebene von Vercelli. Sie ist ein vielleicht etwas weniger strenges Echo des Mittelalters. Der Turm ist wie ein Periskop, von welchem aus man die fruchtbare Umgebung betrachten kann.

120 unten rechts Die Burg der Familie Falletti di Barolo in Serralunga d'Alba ist eines der am besten erhaltenen mittelalterlichen Bauwerke der Langhe. Sie beeindruckt als intaktes Beispiel weltlicher gotischer Baukunst.

121 unten Das Schloß der Familie Visconti in Cherasco wurde im 14. Jahrhundert errichtet. Die Festung, von der nur ein Teil noch existiert, symbolisiert die Atmosphäre der Stadt, in der der Waffenstillstand von 1796 unterzeichnet wurde.

Geburt" in San Giovanni Battista in Alba, das Altarbild für die Kartause in Aqui (jetzt in der Galleria Sabauda in Turin) und seine „Maria mit dem Kind und vier Heiligen" (im Museo Civico in Turin) gehören zu seinen bekanntesten Werken.

Gegen Ende des 15. Jahrhunderts begann in Varallo das Sacro-Monte-Projekt des Franziskanermönchs Bernardino Caimi. Dieser hatte sich nach einer Pilgerfahrt ins Heilige Land entschlossen, die Via Crucis in der Provinz Biella künstlerisch nachzubilden. Unter den Künstlern und Architekten, die an diesem Vorhaben mitwirkten, spielte der aus Valduggia stammende Gaudenzio Ferrari eine führende Rolle; sein Meisterwerk ist die Kreuzigungskapelle (eine von den insgesamt fünfundvierzig Kapellen, die die Himmelfahrtskirche umgeben). Andere Mitarbeiter waren der Architekt Galeazzo Alessi, die Bildhauer Jean Wespin Tabacchetti und Michele Prestinari, die Maler Pier Francesco Mazzucchelli, auch Morazzone genannt, Melchiorre Gherardini und Antonio d'Errico, Tanzi genannt (der die Fresken in der Kapelle des Schutzengels in San Gaudenzio in Novara malte). Dieses Projekt zog andere nach sich, zum Beispiel in Orta, Crea, Montrigone bei Borgosesia und Graglia bei Biella. Besonders der Sacro Monte in Orta, dem Heiligen Franz von Assisi geweiht, lockte namhafte Maler wie die Brüder Fiamminghi, Morazzone und Carlo Francesco Nuvolone an. In Crea entstanden dreiundzwanzig Kapellen, darunter die bekannte Paradieskapelle. Giovanni d'Errigo und Giacomo Ferro trugen zur Gestaltung in Montrigone bei. Leider stehen nur noch vier Kapellen des heiligen Ortes in Crea.

Nicht nur In Varallo, dem Ausgangspunkt der ganzen Serie von „Monti Sacri", spürt man das herausragende Talent Gaudenzio Ferraris, sondern auch in seinen Fresken in der San-Cristoforo-Kirche in Vercelli, die Guglielmo Alberti zu der Bemerkung veranlaßten: „Sein Werk ist von einer gewissen bäuerlichen Erzählfreude durchzogen, die ihn immer ein bißchen zwischen Bühne und Krippe schweben läßt." Zu Ferraris berühmtesten Werken im

122 oben Im Museo Borgogna in Vercelli hängen fünf Gemälde von Defendente Ferrari. Im Bild die „Krippe mit Anbetung der Engel und Hirten". Im Museum befinden sich vor allem Werke von Renaissancemalern aus der Gegend um Vercelli.

122 Mitte Der Sacro Monte di Varallo wurde Ende des 15. Jahrhunderts von Pater Bernardino Caimi gegründet. Der Komplex umfaßt eine Kirche (die Assunta) und 45 Kapellen.

122 unten Detail eines Gemäldes in Sacro Monte di Varallo. Der Plan Pater Caimis, die Stationen der Passion künstlerisch darzustellen, wurde im Laufe von zwei Jahrhunderten realisiert.

123 „Christi Geburt" von Defendente Ferrari entstand 1531. Das Werk befindet sich in der Abteikirche Sant'Antonio di Ranverso, nicht weit von Rivoli.

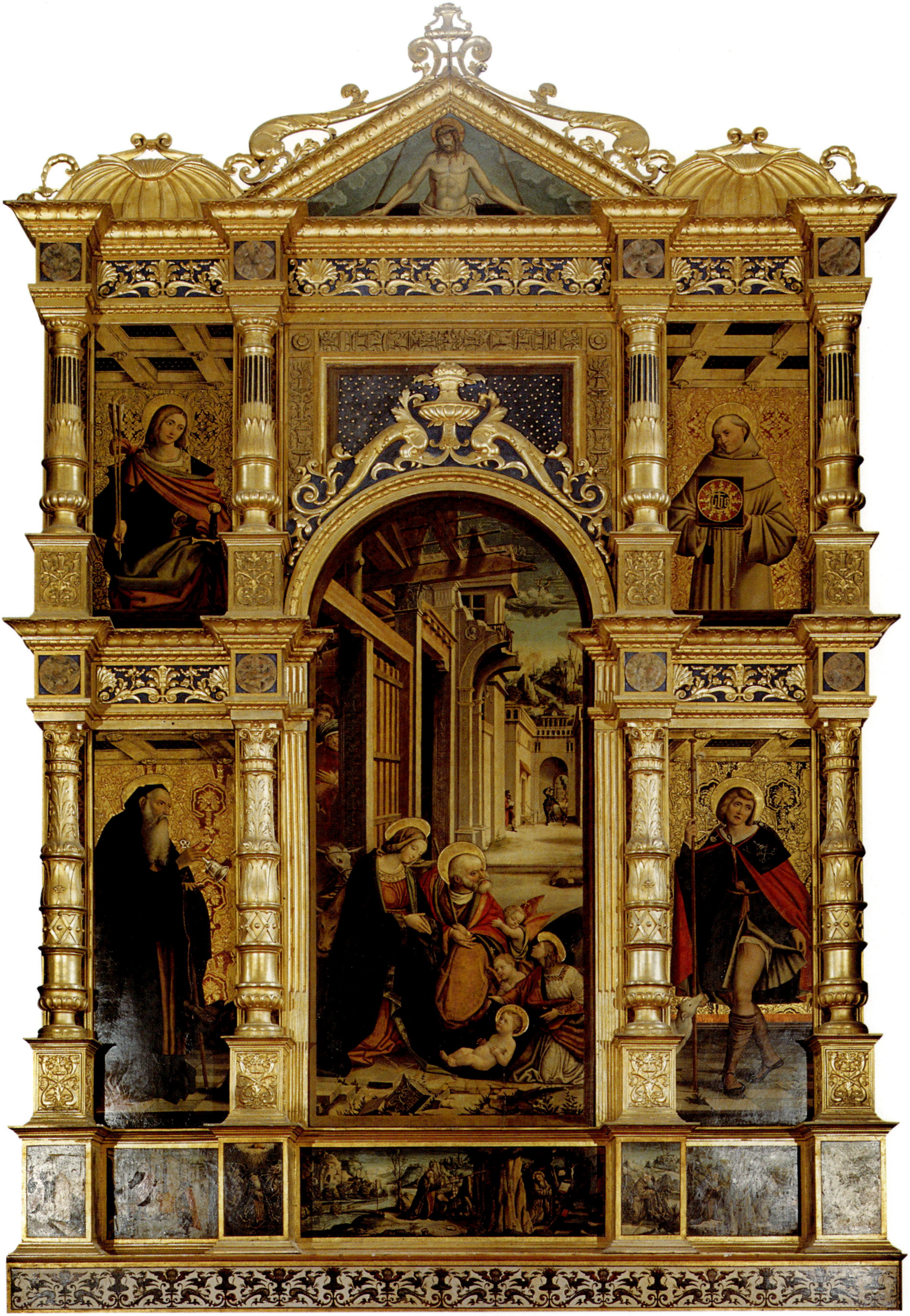

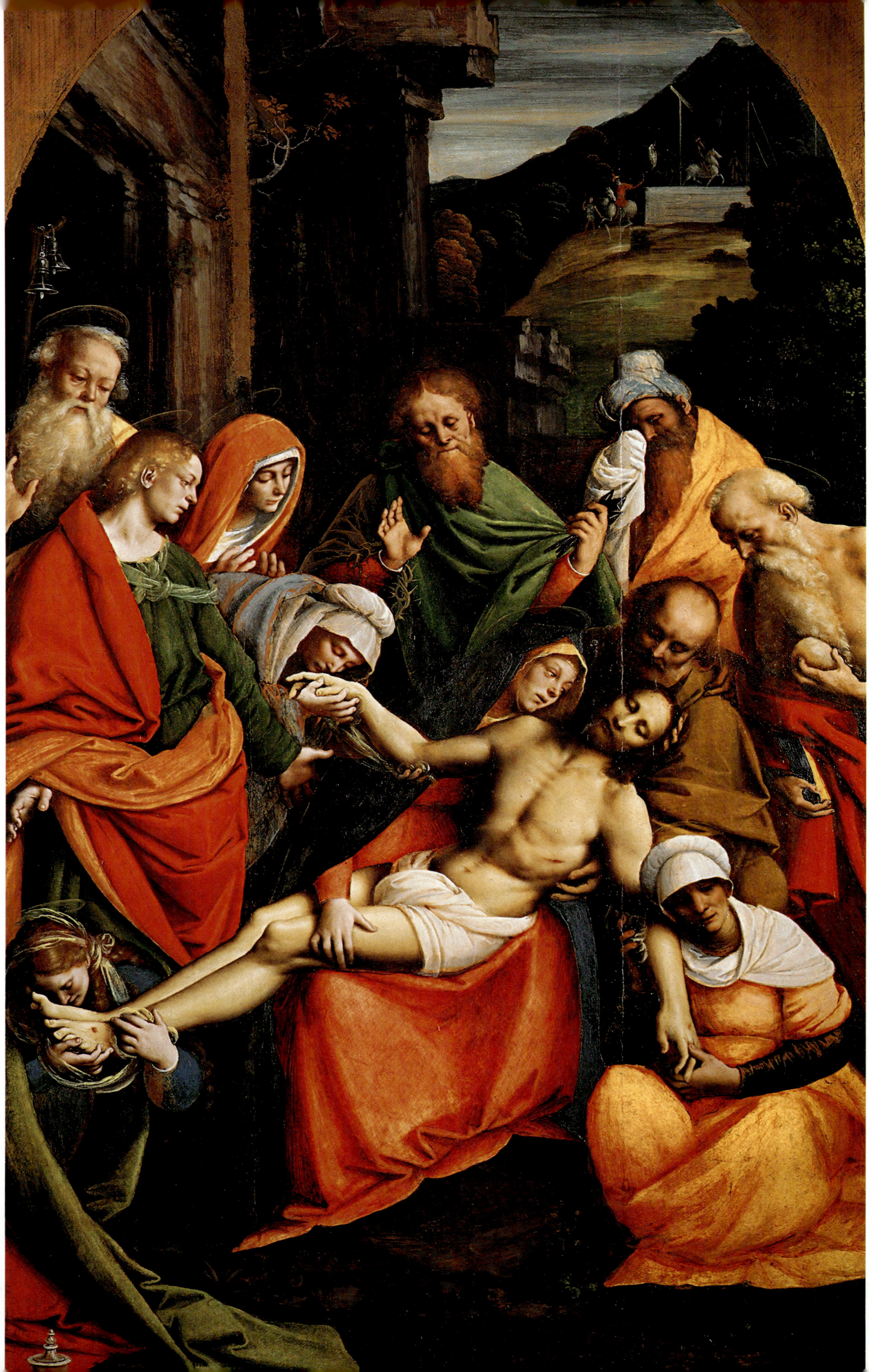

124 Eines der wichtigsten Bilder Gaudenzio Ferraris, die „Beweinung Christi", hängt in der Galleria Sabauda in Turin. Gewisse Züge weisen auf Einflüsse der umbrischen Malerei hin.

125 oben Detail des Gemäldes „La Madonna della Grazia" von Bernardino Lanino. Es befindet sich in der ursprünglich romanischen Kirche San Paulo in Vercelli. Lanino, der aus Vercelli stammte, führte im Piemont und in der Lombardei das künstlerische Erbe Gaudenzio Ferraris weiter.

125 Mitte Eine Wand in der Kirche Santa Maria delle Grazie wurde 1513 von Gaudenzio Ferrari mit Fresken ausgeschmückt. Die Kirche ist eine Art Einführung zum Sacro Monte di Varallo.

125 unten Der Palazzo dei Centori ist einer der wichtigsten Renaissancebauten in Vercelli. Der überdachte Hof hat eine doppelte Bogenreihe. Besonders hervorzuheben sind die Fresken mit Darstellungen von Zentauren, woraus sich ein Wortspiel mit dem Familiennamen ergibt.

Piemont zählen die „Legenden der Heiligen Anna" in der gleichnamigen Kirche in Vercelli, sowie Altarbilder in Novara und Arona (eines seiner Meisterwerke, das „Leben Christi", befindet sich allerdings nicht im Piemont, sondern in der Kirche Santa Maria delle Grazie in Mailand). Der Maler Bernardino Lanino (16. Jahrhundert) war der künstlerische Erbe von Gaudenzio Ferrari: Mehrere seiner Werke können in seiner Geburtsstadt Vercelli besichtigt werden (unter anderem die „Verkündigung" im Museo Borgogna und die „Grablegung" in San Giuliano); in Pallanza, in der Madonna-di-Campagna-Kirche, ist ein vermutetes Selbstbildnis zu sehen. Vittorio Viale, der ehemalige Direktor des Museo Civico in Turin und Organisator einer wichtigen Ausstellung zum Piemonteser Barock in Turin 1961, sagte über Lanino: „Bei der Freskomalerei muß sich der Pinsel geschwind und ohne Korrektur bewegen; Lanino hat es verstanden, seinen Eingebungen zu folgen und trotzdem hervorragende Bilder zu malen."

Die Sacro-Monte-Bauten stammen aus der Renaissance. Ein Baustil, der nur wenig im Piemont vertreten ist. Ein bedeutendes Beispiel für diese Epoche ist der Dom in Turin, ein Werk des toskanischen Architekten Amedeo del Caprino. Andere sind Casa Cavassa mit einem Portal von Matteo Sanmicheli, im oberen Teil von Saluzzo; die nach Plänen von Bramante errichtete Dorfkirche in Roccaverano bei Asti; in Casale Monferrato das Portal der San Domenico-Kirche, wo Mitglieder der Familie Paleologo, Herrscher über Monferrat, in Basreliefs dargestellt sind; und in Arona die Kirche der Heiligen Märtyrer (Santi Martiri).

Der Barock dagegen ist von drei herausragenden Architekten geprägt: Ascanio Vitozzi aus Orvieto, Guarino Guarini aus Emilia und dem Sizilianer Filippo Juvarra. Deswegen könnte man sich fragen, ob es sich hier eigentlich um piemontesischen Barock handelt. Der Abt Luigi Lanzi sagt dazu in seiner Geschichte der italienischen Kunst („Storia pittorica dell'Italia"): „Durch seine Lage ist Piemont eine Kriegsgegend; das übrige Italien hat davon profitiert. Es konnte in Ruhe Kunstwerke

126 oben Die Kapelle, in der das Leichentuch Christi verwahrt wird, wurde im Frühjahr 1997 durch einen Brand schwer beschädigt. Sie ist ein Werk Guarino Guarinis; ihre Höhe beträgt 65 m und der Durchmesser am Boden 18 m.

126 unten Die Barockfassade des Palazzo Carignano wurde von Guarino Guarini geschaffen. Auffallend ist die Plastizität der Tür- und Fenstereinfassungen aus Ziegel.

127 Die Kuppel der Kirche San Lorenzo hebt sich vom tiefblauen Himmel ab. Die Kirche wurde nach Plänen Guarino Guarinis zwischen 1668 und 1680 gebaut; die Außenseite wurde jedoch nie fertiggestellt.

produzieren, während Piemont das über längere Zeit nie zustande gebracht hat." Der Entschluß Emanuele Filibertos, im Jahr 1563 die Hauptstadt des Savoyer Königshauses von Chambéry nach Turin zu verlegen, leitete eine für Kunst und Architektur großartige Zeit ein. Marziano Bernardi, der sich besonders mit dem nördlichen Barock befaßte, meinte hierzu: „Dieses brave piemontesische Volk begeistert sich auf einmal für das Neue; es betrachtet erstaunt die ungewohnten Verhältnisse von Licht und Raum und wird sich bewußt, bisher in dunklen Gäßchen gelebt zu haben (…); und es schaut herauf auf die neuen Kuppeln, die reichen Fassaden der neuen Gebäude, auf die Gemälde, die heilige wie weltliche Geschichten erzählen, und auf die Skulpturen von Heiligen und Pferden."

Der Barock beginnt mit Ascanio Vitozzi, dessen Pläne in Turin auf der Piazza Castello gleich in drei Kirchen verwirklicht wurden – Corpus Domini, Santissima Trinità, wo sich sein Grab befindet, und Santa Maria al Monte dei Cappuccini – sowie in der Villa della Regina; auch die Wallfahrtskirche von Vicoforte bei Mondovi wurde nach seinem Entwurf gebaut. Dagegen zeigen die Bauten von Carlo und Amedeo Castellamonte laut Anna Maria Brizio „Elemente, die bereits bei Vitozzi ein bißchen von der Architektur im übrigen Italien überholt worden waren". Einige Beispiele für die Baukunst der Castellamonte sind der Umbau des Castello di Valentino und der Entwurf für die Piazza San Carlo, die von Carlo stammen, während Amedeo für Palazzo Reale und Ospedale San Giovanni verantwortlich zeichnet.

Der besondere Stil Guarino Guarinis fällt im Collegio dei Nobili sofort auf. Dieses beherbergt heute die Accademia delle Scienze, die Galleria Sabaudia und das Ägyptische Museum. Auch der Palazzo Carignano und die Kuppeln von San Lorenzo und der Capella della SS. Sindone stammen von ihm. „Er benutzte die grundlegenden Elemente Borrominis, fügte jedoch fremde, maurisch anmutende (geteilte Kuppeln) hinzu, für die er wahrscheinlich die Inspiration in Spanien gefunden hatte, als er dieses Land nach Aufenthalten in Rom und Sizilien aufsuchte", meint Anna Maria Brizio. Guarini starb 1683. Filippo Juvarra kam 1714 nach Turin; sowohl in der Stadt als auch um sie herum schuf er mehrere schöne Bauwerke, darunter die Basilika von Superga, das Jagdhaus von Stupinigi, das als sein Meisterwerk gilt, sowie die Fassade und Prunktreppe des Palazzo

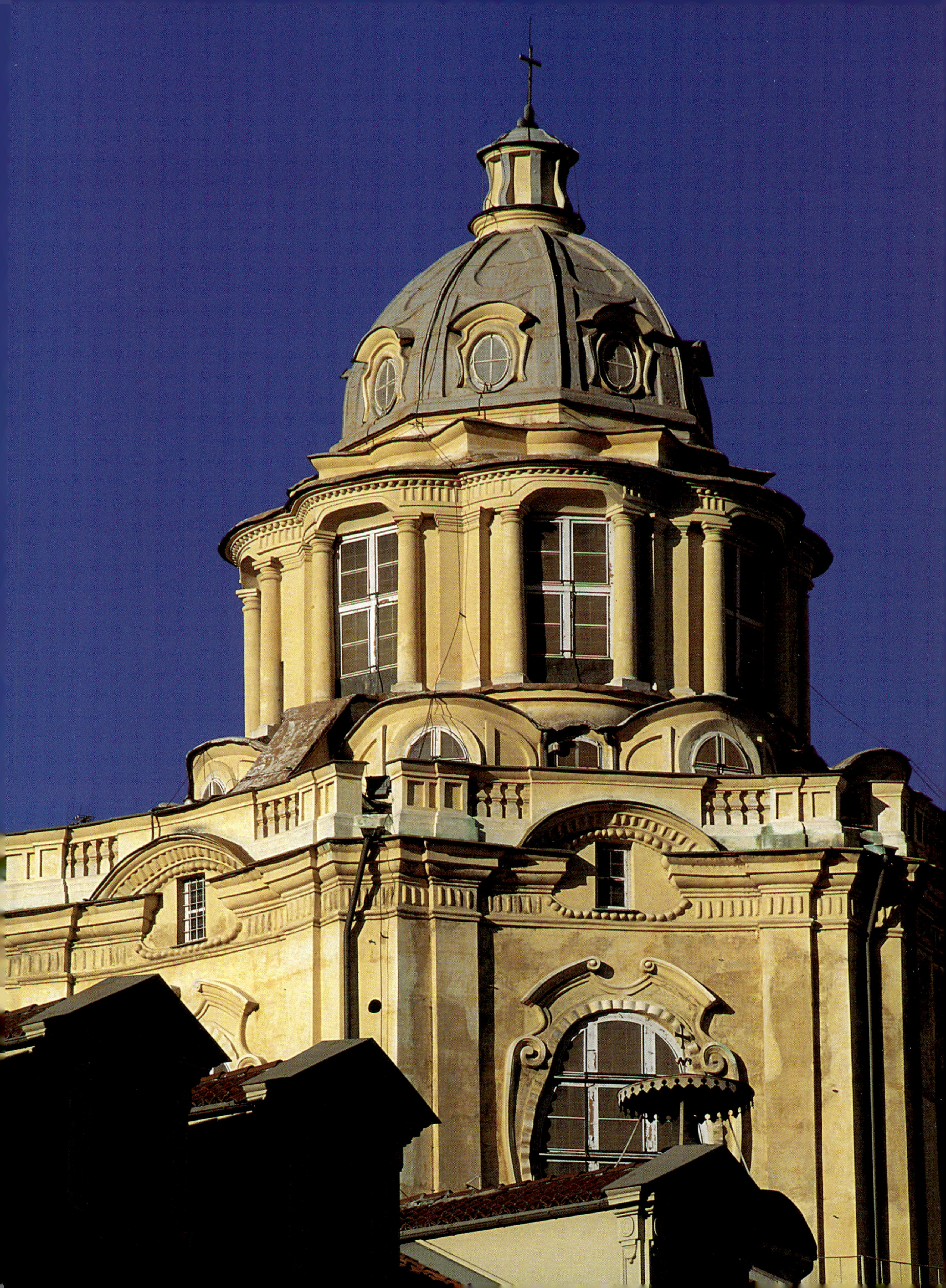

128 links oben Die Stuckarbeiten im Jagdzimmer des Castello di Valentino wurden in der ersten Hälfte des 17. Jahrhunderts von Alessandro Casella ausgeführt.

128 links unten Die Westseite des Castello di Valentino. Die Doppelbögen der Mittelloggia, zu der man über den Ehrenhof gelangt, ruhen auf Säulen aus Marmor.

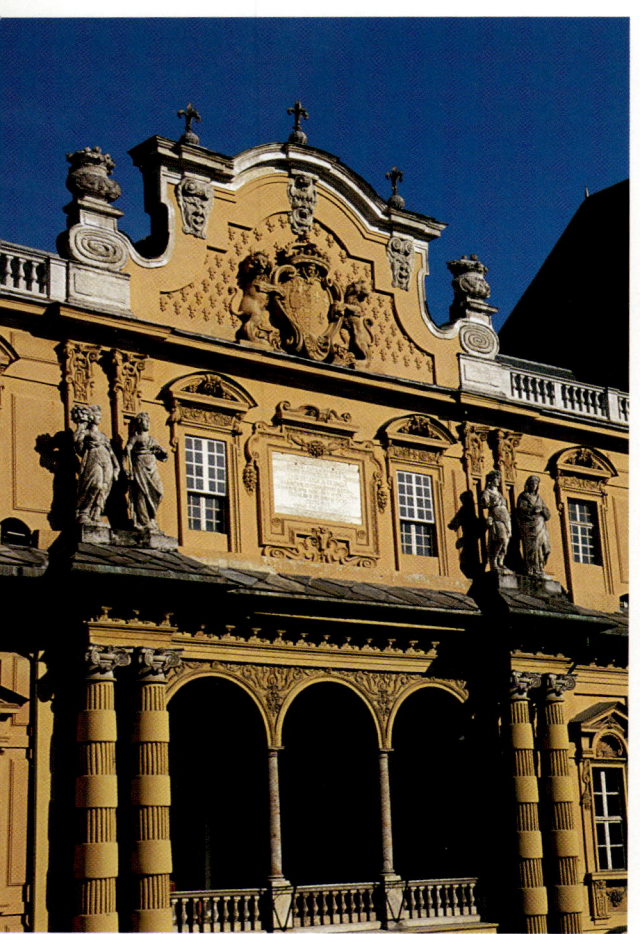

128 rechts Isidoro Bianchi und seine beiden Söhne Francesco und Pompeo schmückten den Raum des Tierkreises aus. Er wurde im 19. Jahrhundert restauriert.

128–129 Das Castello di Valentino spiegelt sich im Po. Amedeo Castellamonte war der Baumeister des 1577 begonnenen Wiederaufbaus. Die Doppeltreppe (an der Ostfassade) erlaubt einen sanften Abstieg zum Fluß.

Madama. Er führte außerdem die Restaurierungsarbeiten am Schloß in Rivoli weiter und überwachte den Um- und Ausbau des großen Saals von Venaria Reale. Andere bekannte Architekten sind Francesco Gallo, der die Wallfahrtskirche von Vicoforte fertigstellte; Gian Giacomo Plantery, der den Palazzo Paesano in Turin baute; Benedetto Alfieri, der die Kathedrale in Carignano und die Haupttreppe des Palazzo Isnardi di Caraglio (für die Accademia Filarmonica) auf der Piazza San Carlo in

Turin baute; Bernardo Antonio Vittone ist der Architekt der Santa Chiara-Kirche in Bra und der Pfarrkirche von Grignasco (Valsesia); Francesco Ottavio Magnocavallo baute die Pfarrkirche San Vincenzo in Casorzo im Monferrato; Costanzo Michela die Marienkirche in Aglié; Giovanni Battista Scapitta hat den Palazzo Gozzani di Treville in Casale Monferrato sowie die Synagoge, ein barockes Juwel, geschaffen; Mario Ludovico Quarini die Santa Maria-Kirche in Chieri.

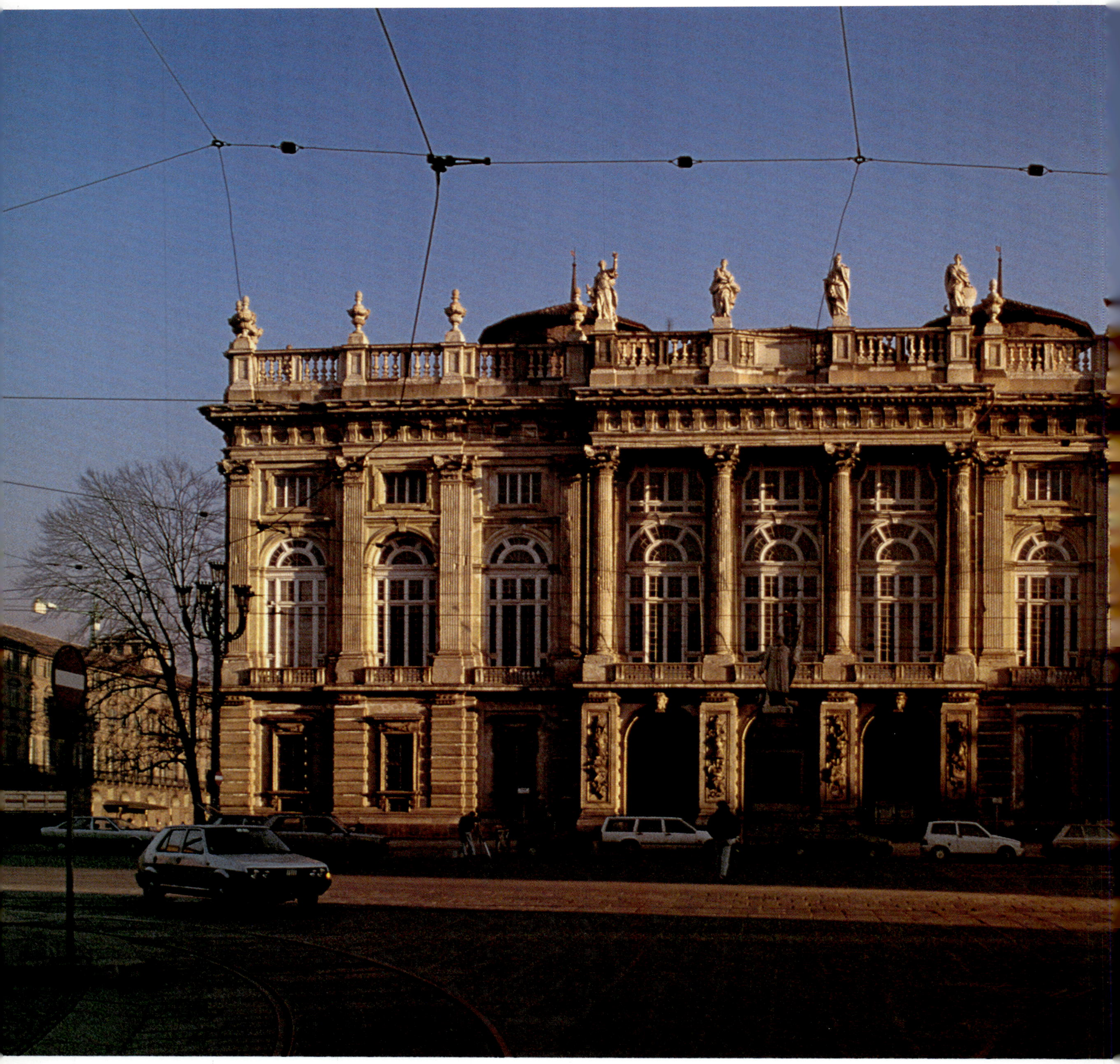

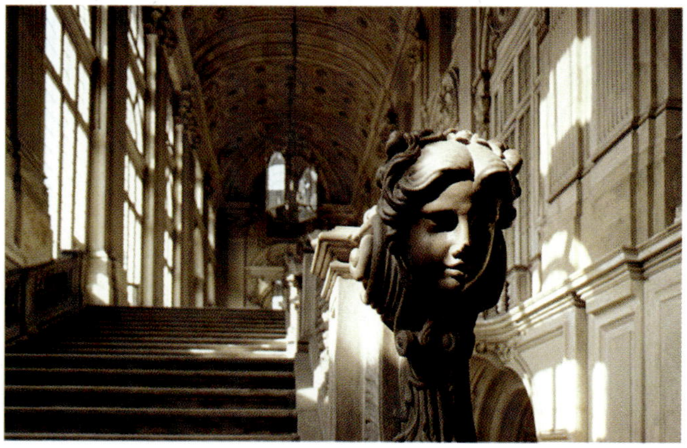

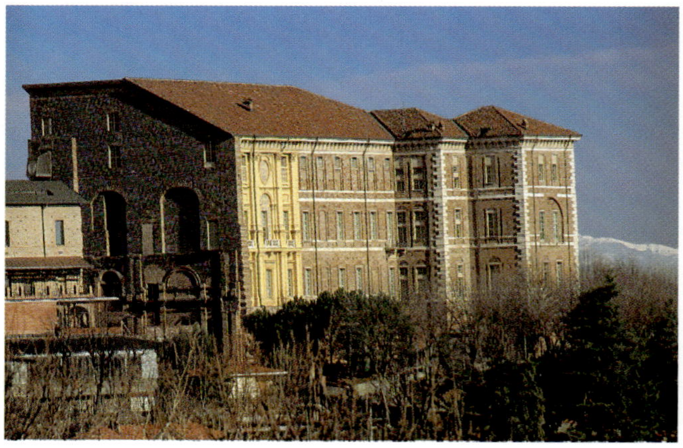

Unter den Malern, die das 17. und 18. Jahrhundert prägten, finden wir Orazio Gentileschi aus Pisa, der im Stil Caravaggios arbeitete („Mariä Himmelfahrt" in der Santa Maria-Kirche auf dem Monte dei Capuccini in Turin); Giovanni Antonio Molineri aus Savigliano („Martyrium des Apostels Paulus" in der Galleria Sabaudia, Turin); Francesco Del Cairo („Christus im Garten Gethsemane", Galleria Sabaudia); Claudio Francesco Beaumont („Venus auf einem Triumphwagen", Palazzo Reale, Turin); Pietro Francesco Guala („Mariä Himmelfahrt", Jesuitenkirche, Casale Monferrato) und andere mehr. Daneben sind auch Namen von Handwerkern zu vermerken, wie der des Schreiners Pietro Pifetti, des Bildhauers Francesco Ladetti (der Bronzebeschläge für die Möbel der Zimmer der Königin im Palazzo Reale anfertigte) und des Silberschmieds Paolo Antonio Paroletto.

Der führende Architekt des 19. Jahrhunderts war Alessandro Antonelli aus Ghemme in der Provinz Novara. Die Mole Antonelliana in Turin trägt seinen Namen. Dieser hoch aufragende, wagemutige Bau wurde als Synagoge konzipiert und hat seinerzeit heftige Kontroversen ausgelöst; man forderte sogar den Abriß. Ein für Antonelli typisches Projekt sind die nie verwirklichten Pläne für die „Piazza Castello Nuova"; der Palazzo Madama, ein Bauwerk, das seiner Ansicht nach „aus einer für die Kunst allgemein wenig glücklichen Epoche" stammt, hätte diesem Projekt geopfert werden müssen.

Dieses Urteil ist aus dem Geist des Neoklassizismus zu verstehen, von dem Antonelli umgeben war; er bewunderte die Renaissance so sehr, daß für ihn der Turiner Dom unantastbar war. Mit der Zeit änderte er seine Meinung über die Gotik, was ihn allerdings nicht davon abhielt, den Dom von Novara abreißen und zwischen 1864 und 1869 neu errichten zu lassen (er ist auch der „Erfinder" der Kuppel über der Basilica di San Gaudenzio in Novara).

131 oben Die Basilica di Superga steht auf einem Hügel, der den gleichen Namen trägt. Sie wurde zwischen 1717 und 1731 nach Plänen von Filippo Juvarra errichtet.

131 unten Deckengewölbe im Schloß von Rivoli. Sebastiano Galeotti, der auch die Räume der königlichen Appartements gestaltete, schuf dieses grandiose Deckenfresko.

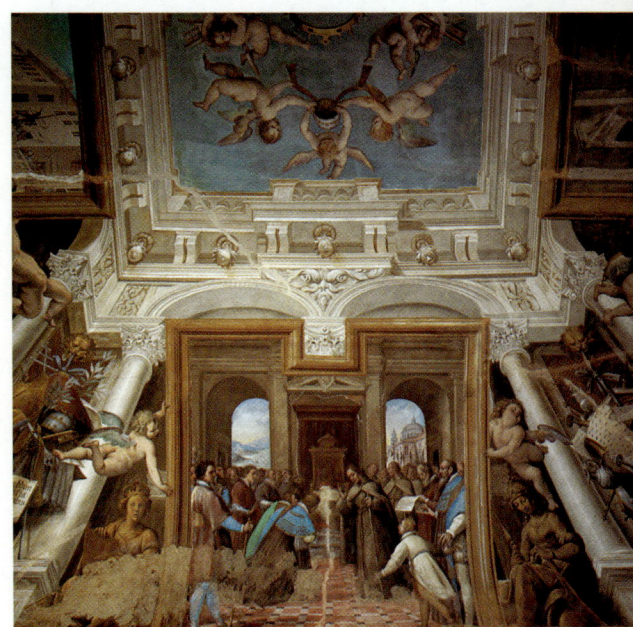

130–131 Filippo Juvarra schuf die Fassade des Palazzo Madama, der wegen der vielfältigen Stilelemente aus allen Epochen auch als „casa dei secoli" (Haus der Jahrhunderte) bekannt ist.

130 unten links Dieser Treppenaufgang in der Vorhalle des Palazzo Madama ist eines der Meisterwerke Filippo Juvarras. Er ist ein Beispiel der Harmonie, der Anmut und Feierlichkeit, aber auch des Prunks, den Maria Giovanna Battista für den Palast wünschte.

130 unten rechts Das Schloß von Rivoli geht auf das 12. Jahrhundert zurück, hauptsächlich geprägt ist es jedoch von Künstlern wie Carlo Castellamonte (Anfang des 17. Jahrhunderts), Michelangelo Garove und Filippo Juvarra, die ein piemontesisches Versailles schaffen wollten.

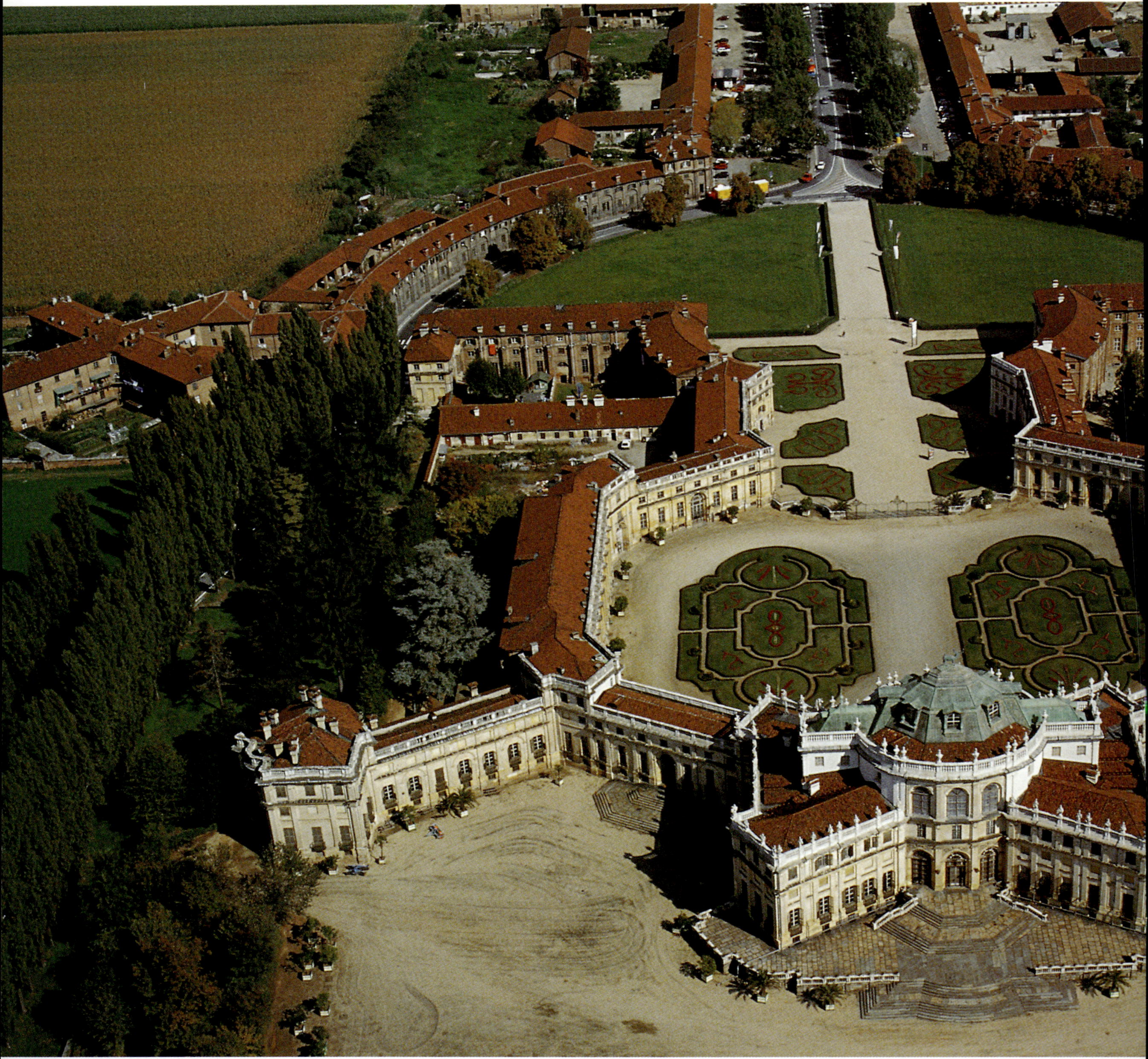

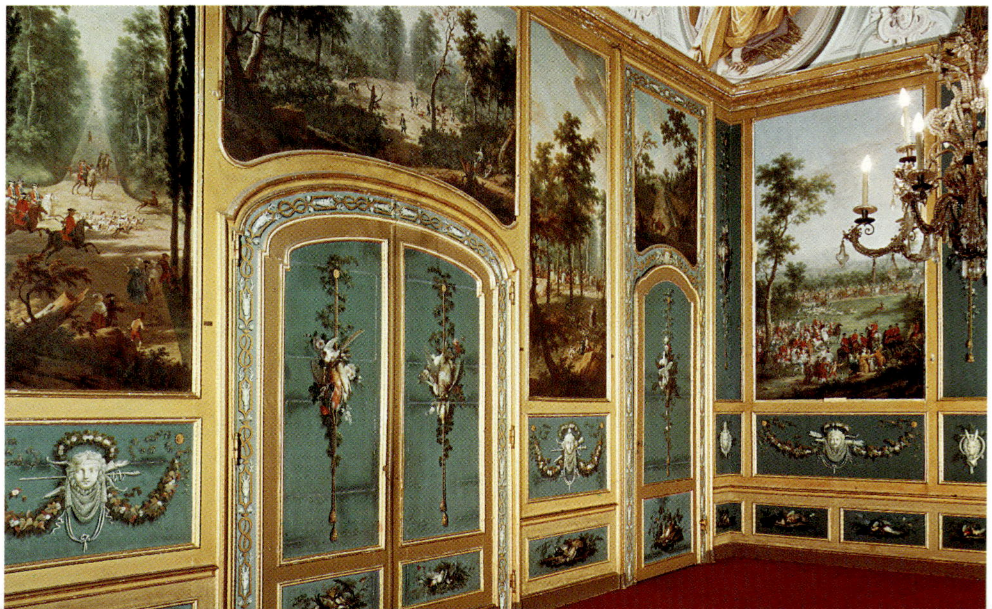

133 oben Die Mode der Chinoiserie schuf Arbeit für Handwerker wie Cristiano Wehrline und Giovan Pietro Pezzo. Der große Spielsaal, der sogenannte „chinesische Raum", ist in diesem Stil gehalten.

133 Mitte Die Pläne für den Hauptsaal des Jagdschlößchens von Stupinigi stammen von Filippo Juvarra. Die Freskoausmalung wurde 1731 von den Brüdern Giuseppe und Domenico Valeriani aus Venedig ausgeführt.

133 unten Der Knappensaal ist ein architektonisches Meisterwerk Filippo Juvarras. Das wichtigste Bild ist „Die Hirschjagd" von Vittorio Amedeo Cignaroli, der es während zweier Arbeitsperioden zwischen 1770 und 1777 malte.

132–133 Das Jagdschlößchen von Stupinigi, eines der Meisterwerke Filippo Juvarras, wurde 1729 begonnen und der erste Teil 1731 provisorisch in Gebrauch genommen. Dieser besteht aus vier Flügeln in Form eines Andreaskreuzes, die von einem großen zweistöckigen Saal ausgehen.

132 unten Dieser kleine Raum im Jagdschlößchen zeigt die meisterliche Arbeit einer Reihe von Handwerkern (Maler, Bildhauer, Schreiner und Bronzearbeiter), die über etwa hundert Jahre mit der Ausstattung der Räume beschäftigt waren.

134

135 oben Das Schlafgemach der Königin ist von prunkvoller Eleganz. Giovanni Battista Crosato und Carlo Andrea van Loo erhielten von Filippo Juvarra den Auftrag für die Deckendekoration.

135 unten Viele Künstler arbeiteten in Stupinigi mit, darunter Antoniani, Casoli, Fariano, Olivero, Pozzo und Vacca. Hier ein Vorzimmer der königlichen Appartements (Detail der Decke).

134–135 Die Wandteppiche, die das Vorzimmer der königlichen Appartements in Stupinigi schmücken, sind Beispiele eines gedämpften, maßvollen Stils in der Malerei.

134 unten Das Deckenfresko im Vorzimmer des Appartements der Königin zeigt den Stil des Malers Michele Antonio Milocco.

136 unten links Das Innere der Kirche Santa Maria in Agliè, die 1670 von Costanzo Michela erbaut wurde. Michela war damals der führende Architekt in der Gegend von Canavese, und die Kirche zeugt von seiner Originalität. Man merkt den Einfluß Bernardo Vittones in der Mischung von Klassizität, Anmut und geometrischem Geist.

136 oben Die in Kurven ausgeformte Fassade der Kirche Santa Chiara in Bra ist ihr Hauptmerkmal. Die zwei übereinanderlagernden Kuppeln zeugen vom Erneuerungsgeist Bernardo Vittones, der im 18. Jahrhundert das Bauwerk entwarf.

136 Mitte Die Barockkirche Santa Chiara in Bra zeigt Guarinis Einfluß auf Bernardo Vittone. Die Fresken, die von dem einheimischen Maler Paolo Operti ausgeführt wurden, passen sich der Architektur perfekt an.

136 unten rechts Die Doppeltreppe im Palazzo Gozzani di Treville in Casale Monferrato. Auf der Decke ein Fresko von Pier Francesco Guala. Über die Treppe gelangt man in die Eingangshalle, die mit Szenen im Stil der Bologneser Schule ausgemalt ist. Der Barockbau ist ein Werk Giovanni Battista Scapittas.

137 Das Gewölbe in der Wallfahrtskirche von Vicoforte wurde von Felice Biella und Mattia Bertolani mit Fresken versehen. Der Bau wurde 1596 von Ascanio Vitozzi begonnen und später die Kuppel von Francesco Gallo fertiggestellt.

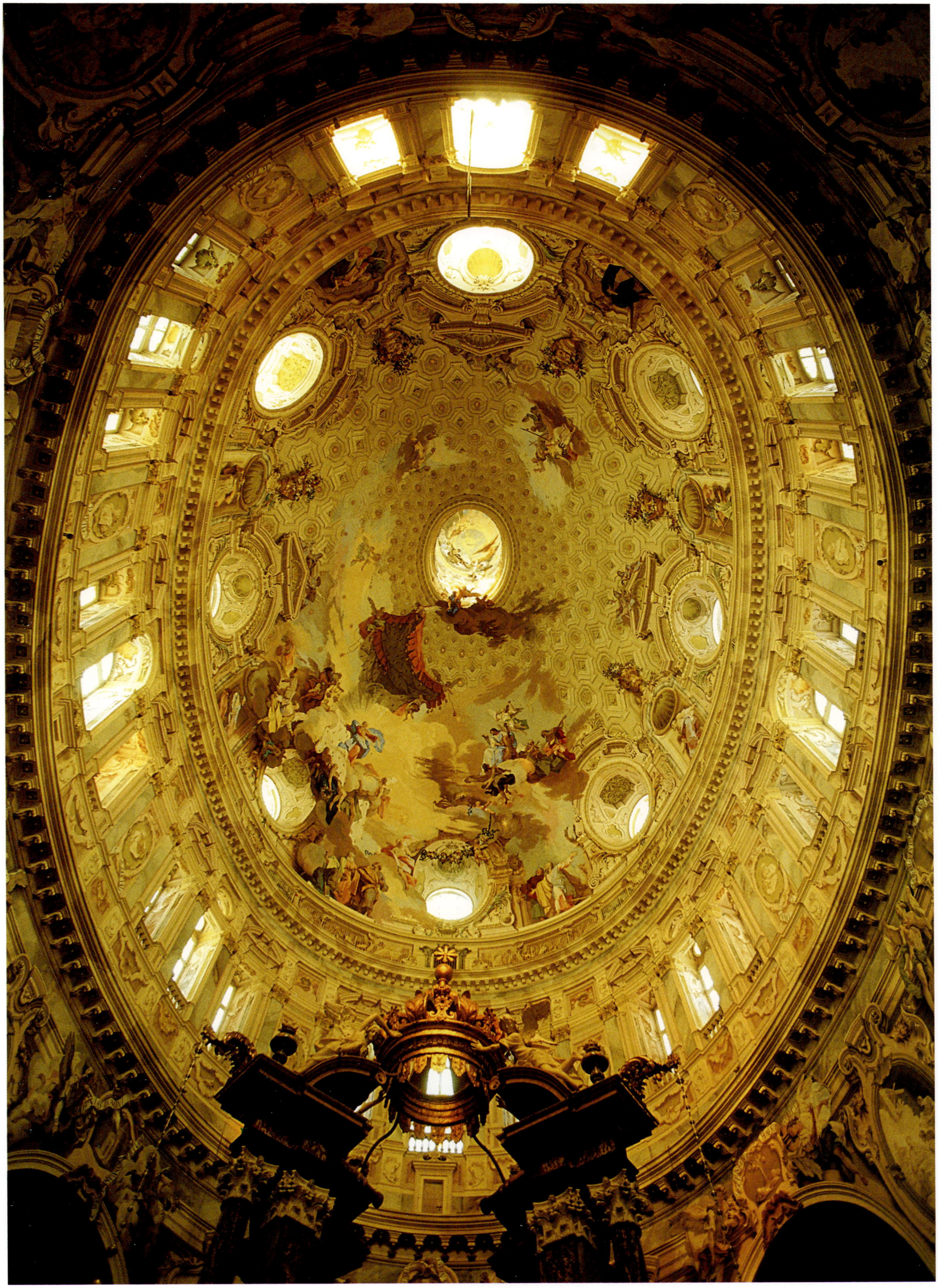

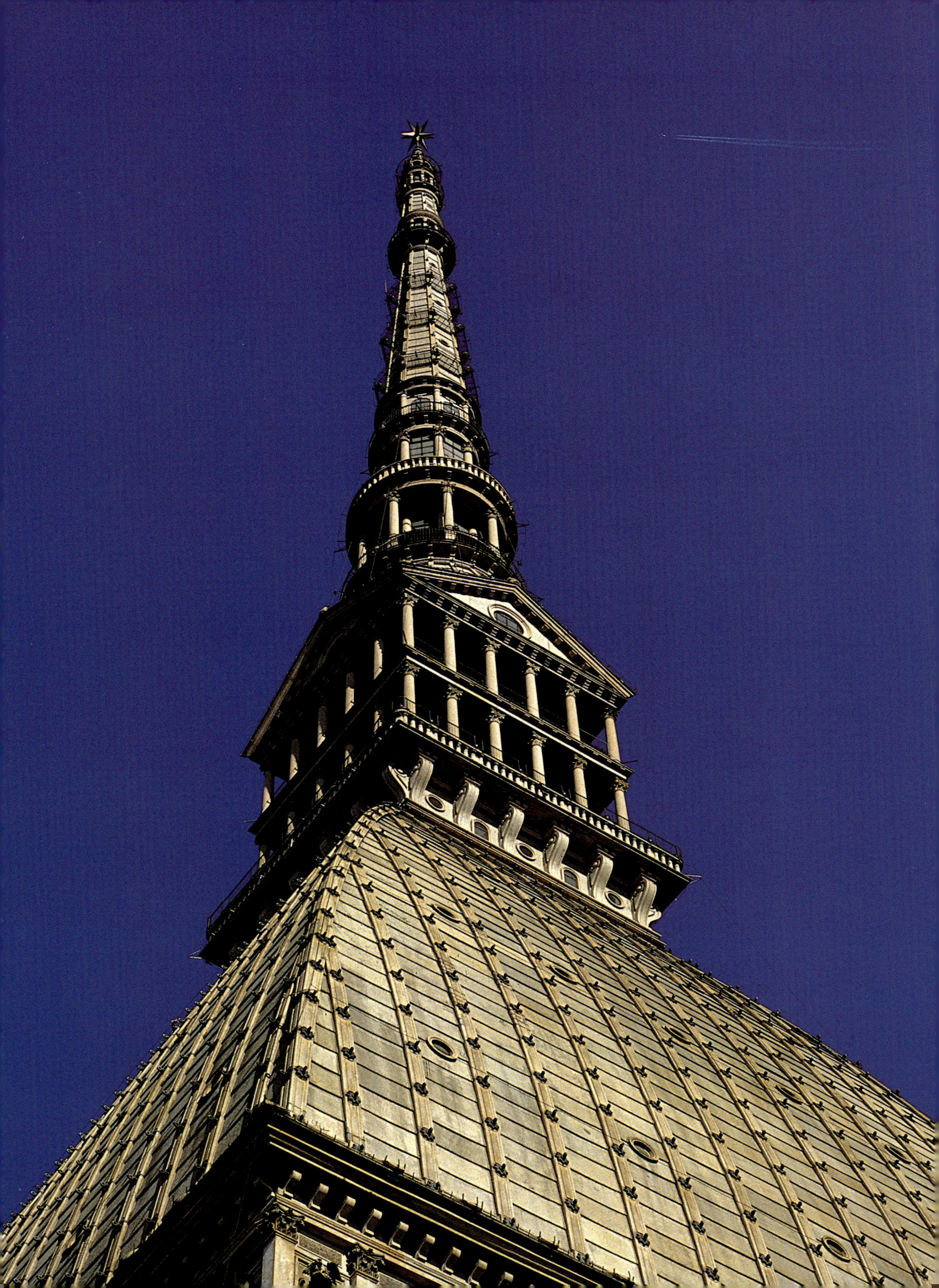

138 Obwohl formell dem Neoklassizismus nahestehend, setzte Antonelli neue und kühne Konstruktionsverfahren bei seinen Bauten ein. Sein Meisterwerk ist zweifellos die „Mole" in Turin, deren Bau 1863 begann.

139 links Innenansicht der von Antonelli gebauten Kuppel der Kirche San Gaudenzio. Durch sie wurde der Weg für neue Lösungen in der Architektur frei.

In der Skulpturkunst gibt es Namen wie Carlo Marochetti (der die Reiterstatue von Emanuele Filiberto auf der Piazza San Carlo geschaffen hat); Leonardo Bistolfi, der dem bei der Ausstellung in Turin 1902 besonders im Vordergrund stehenden Jugendstil verbunden war; Davide Calandra schuf das Denkmal für Amedeo von Savoyen, den Herzog von Aosta, das in Turin steht; andere sind Odoardo Tabacchi und Vincenzo Vela.

In der Galleria d'Arte Moderna in Turin beeindruckt besonders die Malerei; von Antonio Fontanesi, dem größten Landschaftsmaler des italienischen Ottocento, hängen hier „April", „Friede", „Sonnenuntergang am Po", „Wolken" neben anderen von Lorenzo Delleani, Enrico Reycend, Vittorio Avondo und Massimo D'Azeglio, dem „Urheber" der „mythologisch-romantischen" Landschaft. Mit dem Giacomo Grosso (1860-1938) gewidmeten Raum „endet der Geschmack des 19. Jahrhunderts", wie Marziano Bernardi sagte. Aber es war ausgerechnet Grosso, der führende Porträtist der Bourgeoisie (von Piero Gobetti als „Photograph" abgetan), der einen der modernen Künstler entdeckte und bekannt machte, nämlich Felice Casorati. „Ich möchte die Wonne ausdrücken, die daraus erwächst, auf der Leinwand verzückte und ruhige Seelen, stumme und regungslose Dinge, ferne Blicke und tiefe, klare Gedanken

139 rechts Die Kuppel von San Gaudenzio, deren Proportionen bereits der Mole Antonelliana vorgreifen, dominiert das Stadtbild Turins.

140–141 Der Jugendstil hat viele Spuren in Turin hinterlassen, wie dieses Fenster eines Hauses auf dem Corso Giovanni Lanza zeigt. Es wurde von einem Meister des Jugendstils, Pietro Fenoglio, ausgeführt.

141 oben Das Gesamtwerk Fenoglios ist durch eine bemerkenswerte Harmonie von Außen- und Innenraumgestaltung und durch die Verwendung exquisiter Materialien gekennzeichnet.

141 unten Das wunderbare farbige Glas dieses Erkerfensters ist typisch für die Ausstattung des Hauses Nr. 11 in der Via Principi d'Acaja, das Fenoglio 1902 für sich selbst baute.

festhalten zu können", gestand der Meister. Genau dieses gelang ihm in Gemälden wie „Silvana Cenni", „Frau und Rüstung", „Gipskopf" und „Mittag". „Es ist kaum abzuschätzen, wieviel die Ankunft Felice Casoratis für das Turin seiner Zeit bedeutete; bisher hatte man keine Ahnung gehabt, was moderne Kunst sein konnte", sagte Carlo Levi.

Ende der Zwanziger Jahre bildete dieser mit Chessa, Galante, Jessie Boswell, Menzio und Paolucci die Gruppe „Sei di Torino", deren erste Ausstellung im Januar 1929 stattfand. Ihr Leitmotiv war „die Suche nach einem europäischen, nicht nur französischen Impressionismus", wie Argan sagte, „die als intellektuelle, normale Haltung zu verstehen ist und nicht als eine spezifische Art, eine bestimmte Vision der Wirklichkeit zu malen". Luigi Spazzapan, der der sogenannten ‚Scapigliatura' angehörte, wurde von Luigi Carlucci als „freundlicher Unterstützer" der Sechs bezeichnet; in seinen Werken erblickte Carluccio die ersten Vorzeichen der „Minimal Art", deren führende Persönlichkeit in Turin Mario Merz ist.

Zu den bekanntesten Architekten des 19. Jahrhunderts gehören Giuseppe Pagano Pogatsching, Carlo Molino (der in Turin unter anderem mit Marcello Zavellani Rossi das Teatro Regio gebaut hat sowie das Gebäude der Handelskammer und das später wieder abgerissene Gebäude der Società Ippica) und Pier Luigi Nervi. Sein Werk, der Palazzo del Lavoro, ist eine Huldigung der eigentlichen Religion Piemonts, der Arbeit, in einer Stadt, die eine industrielle Festung ist und deren Motto so lauten könnte: „fiat Fiat".

142 oben „Die Zelle der Irren" (1884) ist eines der berühmtesten Bilder von Giacomo Grosso, dessen Realismus von einem etwas selbstgefälligen akademischen Virtuosentum gefärbt war.

142 unten „Sonnenuntergang am Po" ist ein Werk Antonio Fontanesis, eines der sensibelsten Maler der italienischen Romantik.

143 „L'attesa" (Das Warten), Privatbesitz, ist ein Temperabild des Malers Felice Casorati aus dem Jahr 1921. „In diesem Bild ist im Keim bereits all das vorhanden, worum es in meiner ganzen Arbeit geht", sagte der Künstler selbst.

Bildnachweise

Antonio Attini/Archivio White Star: Seite 108–109, 108 unten; *Marcello Bertinetti/Archivio White Star:* Seite 1, 4–5, 6–7, 11, 12–13, 25 unten, 28, 29, 30–31, 32 unten, 36 oben, 36 unten, 36–37, 40 unten rechts, 44–45, 52, 53, 54–55, 56, 57, 58–59, 60, 61, 62 unten, 62–63, 64–65, 66, 67, 67 unten, 68, 69, 70–71, 72 unten, 73, 74, 75, 76, 77, 78, 79, 80–81, 82 oben, 94–95, 95 Mitte, 104 oben, 113 oben, 112 unten rechts, 116, 117, 122 Mitte und unten, 130–131, 130 unten links, 138, 144; *Giulio Veggi/Archivio White Star:* Seite 2–3, 8–9, 18, 19 oben, 23 oben, 24, 25 oben, 26, 27, 32–33, 33, 34–35, 40–41, 40 unten links, 41, 42, 43, 46 unten, 62 oben, 63 unten, 66 unten, 67 oben, 72 oben, 94 oben, 95 unten, 96 oben, 96 links, 96 mitte, 96 unten, 98, 99 unten, 100, 102–103, 102 unten, 103 unten, 105, 107 oben, 110–111, 112, 113, 115 unten rechts, 115 unten links, 119 Mitte, 119 unten, 120 unten links, 120–121, 122 oben, 125, 126 unten, 127, 128–129, 130 unten rechts, 136 unten rechts, 137; *Luciano Ramires/Archivio White Star:* Seite 19 Mitte; *Bruno Allaix/Realy Easy Star:* Seite 109, 136 Mitte; *Archivi Alinari:* Seite 87 oben, 88 unten, 90–91, 106–107, 118, 119 oben, 126 oben; *Archivio Scala:* Seite 86 oben, 86 unten, 87 oben, 88 unten 89, 90, 92, 92–93, 114 oben, 124, 132 unten, 143; *Gianluca Boetti:* Seite 19 unten 20, 21, 22, 23 oben, 23 Mitte, 38, 39 unten links, 140, 141; *Marco Cappelli/The Image Bank:* Seite 100–101, 101 unten rechts; *Gianalberto Cigolini/The Image Bank:* Seite 131 unten, 133, 134, 135; „*Città di Torino – Fototeca Servizio Turismo*": Seite 84 oben rechts; *Musei Civici di Turino:* Seite 142; *Ernani Orcorte/Realy Easy Star:* Seite 86 Mitte, 114 unten; *Guido Alberto Rossi/The Image Bank:* Seite 14–15, 16–17, 46–47, 50, 51, 96 oben rechts, 98–99, 115 oben, 131 oben, 132–133, 139 rechts; *Emilio F. Simion/Agenzia Luisa Ricciarini:* Seite 82 unten; *Toni Spagone/Realy Easy Star:* Seite 101 unten links, 102 oben, 104 Mitte und unten, 110, 111 unten, 120 unten und rechts, 121 oben, 128, 136 oben, 136 unten und links, 139 links; *Attilio Boccazzi Varotto:* Seite 82 Mitte, 82–83, 84 oben links, 84 unten, 85, 123; *Renato Valterza/Realy Easy Star:* Seite 107 unten; *Giulio Veggi:* Seite 36 Mitte, 37 oben, 39 oben, 39 unten links, 47, 48, 49, 96–97, 121 unten.

Die Deutsche Bibliothek – CIP-Einheitsaufnahme

Piemont: Land am Fuße der Berge / Bruno Quaranta .
[Übers. aus dem Ital.: Kirsten Beringer]. –
Frankfurt am Main: Umschau Buchverl., 1998
Einheitssacht: Piemonte <dt.>
ISBN 3-524-67098-9

Gesamtherstellung der deutschen Ausgabe:
Alinea GmbH, München

© 1997 White Star S.r.l.
Via C. Sassone 24
13100 Vercelli, Italia

© 1998 Umschau Buchverlag Breidenstein GmbH, Frankfurt am Main

Printed in Italy

ISBN 3-524-67098-9